十 年

（二）

徐小明 著

地震出版社
Seismological Press

图书在版编目(CIP)数据

十年.2 / 徐小明著. —北京：地震出版社，2019.10
ISBN 978-7-5028-5043-2

Ⅰ.①十… Ⅱ.①徐… Ⅲ.①股票投资–基本知识
Ⅳ.①F830.91

中国版本图书馆 CIP 数据核字(2019)第 036853 号

地震版　XM4359

十年（二）

徐小明　著
责任编辑：吴桂洪　　王凡娥
责任校对：凌　樱

出版发行：**地震出版社**
　　　　　北京市海淀区民族大学南路9号　　　邮编：100081
　　　　　发行部：68423031　68467993　　　传真：88421706
　　　　　门市部：68467991　　　　　　　　传真：68467991
　　　　　总编室：68462709　68423029
　　　　　证券图书事业部：68426052　68470332
　　　　　http：//seismologicalpress.com
　　　　　E-mail：zqbj68426052@163.com
传真：68455221
经销：全国各地新华书店
印刷：廊坊市华北石油华星印务有限公司

版(印)次：2019年10月第一版　2019年10月第一次印刷
开本：787×1092　1/16
字数：210千字
印张：18
书号：ISBN 978-7-5028-5043-2/F(5759)
定价：50.00元
版权所有　翻印必究
(图书出现印装问题，本社负责调换)

序

致《十年》的读者朋友

　　这是本书全部完成之后写的序言，起初我只是有个简单的想法，因为我知道自己曾经写过很多有深度思想的文章，有些文章大家看过有些没有看过，时间把它们淹没了。

　　人类文明流传至今，唯艺术、科学、宗教源远流长。它们分别代表了现象、数学和哲学，我在之前一共写了两本书，分别是《盘口》和《数字化定量分析》。这两本书一个代表现象，一个代表数学。我一直希望自己将来能写一本关于交易领域哲学的书，但哲学太大了，我不敢奢谈哲学。

　　本书是关于交易思想的，之所以在本书全部完成之后才写序言，是因为我自己也想对本书有一个相对客观的评价。

　　前两本书当年在证券类的销量都是全国冠军，但《盘口》这本书的销量是远大于《数字化定量分析》的，我知道方法类的书在这个领域是最受欢迎的。而关于思想类的书在整个市场里也很少见，所以本书并不是为了追求销量而写。这让我想起来关于自由的一个评论：自由，不是你想做什么就做什么，而是你想不做什么就不做什么。本书不为出名也不为销量，而是写给真正懂得它的价值的人的。

　　交易是一个过程，很多人对这句话不是很理解，但我深知这句话的份量。虽然我也常提示大家不要用吃快餐的方式来看我写的内容，交易是一个过程，前后是有联系的。如果你连续地看我写的文章，你应该可以体会到我在说些什么。

　　本书用时间的维度，将当时的行情以及关于对行情的思考，逻辑

十年

推理过程，采用哪种交易方法，操作前、操作中和操作后的应对，记录了十年的行情起伏和应对过程。这些比单讲某个方法更全面，比单讲某个案例更真实，因为这就是我面对中国股市这十年的切实经历。它被时间记录了下来，当时间把它淹没了的时候，也给了它时间的沉淀。

如今我透过时间的沉淀，把其中精华的部分再次提取出来，并将这些文章里我认为应该进行深入思考的内容用加重的字体标注成重点，并在每一篇文章之后都加了作者点评：有的是我当初思考的方式，有的是为什么这么写的原因，有的是其后的市场表现，还有一些是由此引发的其他思考。

如果是文章原来就有的图，我就用原配图。为了准确表达当时的意图让读者更好理解，后期我又做了一些配图，但标注了这是后配图。所以，即便是一直看我写文章的铁杆粉丝，当你重读这些文章的时候，也会感觉有很大的不同。你会更深入地理解，交易是一个过程这句话；你会更深入地理解，为什么交易分为了三个层次：现象、数学和哲学；你会更深入地理解……

十年里这个世界的变化很大，从博客到微博，再到微信公众号；从电脑时代到手机时代。我很高兴在这变化的十年里，有些是自己始终坚持不变的，我也很高兴这十年自己十分清楚在坚持着什么。岁月也许在我的脸上留下了痕迹，但十年过后却让我对坚持的方向更加坚定。在十年里我曾经多次公开说过："我要坚强不被任何事情所打扰，我要十年磨一剑。"到十年后的今天，我认为自己做到了。

十年前的我，也许会给本书起名字叫《十年一剑》，但经过了十年的时间，我更喜欢的是重剑无锋，所以本书的名字叫做《十年》。

徐小明

2019年5月于北京

目 录

2012 年 …………………………………………………………… 1

2013 年 …………………………………………………………… 63

2014 年 …………………………………………………………… 145

2015 年 …………………………………………………………… 243

跋 ………………………………………………………………… 279

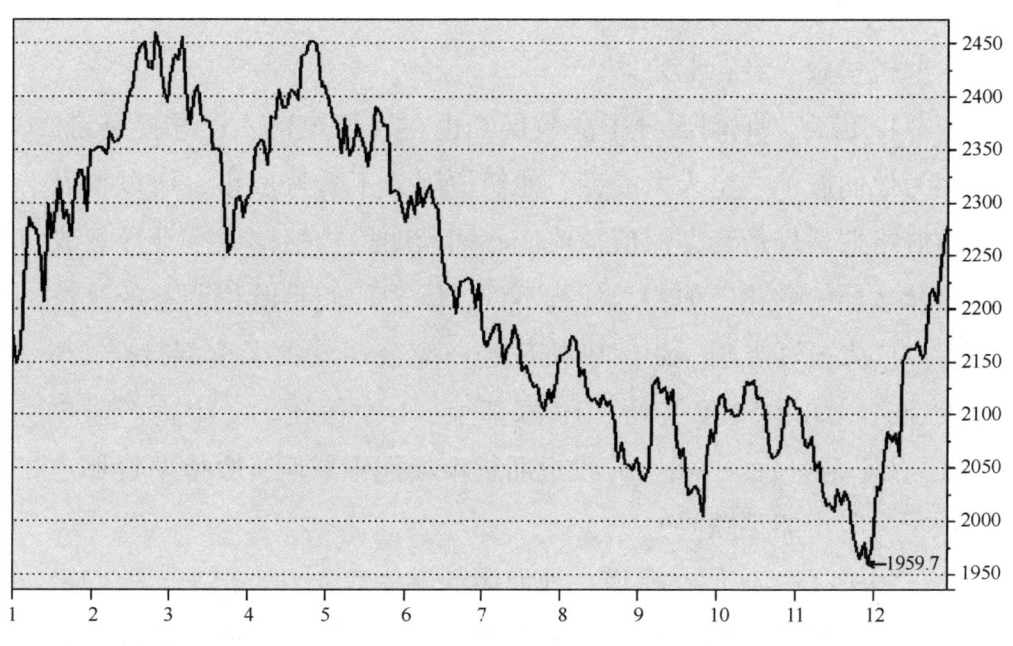

2012 年上证指数日线收盘价

2012年11月9日

探寻股市下跌的真正原因(9)——七宗罪

机构做空者,七宗罪。

1. 谎言。他们误导了决策层,也在误导媒体、误导投资者,因为他们撒了一个天大的谎,他们说因为不看好股市,所以才做空股指期货进行套期保值,他们心知肚明机构整体做空会导致股市什么样的变化,他们为什么不说,因为他们是既得利益的受益者。广大投资者想一想,中信证券一家公司就占了全部持仓1/6的空头,如果52家券商、14家基金、1家信托147个资产账户在"几乎清一色"的做空,股指期货市场能不跌吗?股指期货那边跌了,股市能不跌吗?

2. 违心。他们在撒谎,他们撒的谎一般人看不出来,他们是做空的主导者,是股指期货下跌的主导者。他们在股市和股指期货的第一线,绝对比我更清楚,股指期货在带领股指现货,我用了17张"即时的截图"告诉大家股指期货是怎么带领股票指数的,因为大家是外行,而他们是内行,他们明知却不说,他们违心。所以我这一系列的文章,首先要证明的是,股指期货确实在带领股指。真相并非是先不看好股市,才做空期指;而是先大量做空期指,才导致股市"不被看好"。

3. 仗势。上有期指套期保值政策的帮助,以中信证券为首的几家大的券商,仗着自己的资金规模优势,大量做空期指。其他小券商或机构不得不跟随，大家都明白如果期指跌股指下跌，股指跌股票必跌。大家不得不做空，因为不做亏得更多。机构都在做空，个人做多却被限制最高300手，这种制度下，做空已经没有对手，不管多低，都可大胆做空。倚天剑一出，谁与争锋？只可惜向上剑不练，只向下练剑，简称下剑。

4. 欺人。由于股指期货50万的开户门槛，把绝大多数的交易者挡在了门外，即机构可以通过期指的做空，来对冲风险，可普通股民却无法对冲。机构们请别再说套保让你回避了下跌，也别再说机构排名前十的都参与了套保，更别说股民可以割肉卖出来回避下跌，你为什么不割肉股票，而去空股指期货呢？反正有人可欺，绝大多数做不了股指期货，下跌市里做空期指就不是最惨的。

5. 自损。世界上有四种人，第一种人是利人利己，这种最好，皆大欢喜。第二种人是损人利己，虽然不太道德，却存在的最多。第三种人是损己利人，虽然少但确实有，他们的品格是高尚的。第四种人是损人而不利己，典型的脑袋被驴踢了。套期保值本身不能超过股票的市值，所以股指期货跌，期指空头赚，可股票那边赔得更多。做空的同时，他们也在赔钱，而且很多是明知要赔钱还在做，因为他们看准做不了套保的人会赔得更多(包括没怎么做套保的机构)，他们肯定不是市场里最惨的，所以并不怕损人而不利己。

6. 贪婪。在自营规模没有增加甚至减少的情况下，不断地加大股指期货的持仓，以求在下跌中获取更大的利润。股指期货的推出，是为了平衡股市不出现暴涨暴跌，跌得深了多一些，涨的多了空一些。而现在的局面是越跌越空，他们看准了、吃定了没有对手，即便在2000点做空仓位仍在持续增加，贪婪让他们已经疯狂。

7. 无信。做空者没有信仰，这句话我早就说过。美国推出QE3，就是要用量化宽松来带领股市上升，股市上升会刺激消费从而带动经济。这个逻辑是有道理的，凡是股市好的时候，为什么收藏品、楼市都好？因为股市所带来的消费能力是最强的，你工作一个月工资赚2000元和股市里赚2000元，两者的消费欲望和消费能力根本没法比。在经济和股市面临难关的时候，机构依旧做空，他们已经弃经济大环境和社会责任于不顾，他们已经没有了信仰。

愿上帝，惩罚他们。

作者点评

我之前看过一部美国电影，叫做《七宗罪》，所以对照着写了本文。要是细数，做空的机构所引发的连锁反应，又何止这七宗罪。

2012年11月12日

探寻股市下跌的真正原因（10）——屠龙刀

当机构都在清一色做空的时候，整个股指期货市场就失衡了。

各家机构每年都在大量增仓股指期货空头,是什么让他们这么大胆,在市盈率几近历史最低位置仍大幅加仓做空。上面我说了倚天剑,下面我要说一下屠龙刀。

武林至尊,宝刀屠龙,号令天下,莫敢不从。

中金所啊,你手持屠龙宝刀,号令机构,莫敢不从。

屠龙刀指什么?在股指期货市场里,这些机构必须严格遵守套期保值制度,可套期保值制度的细节,机构就算明知道指数处于明显的低位,想做多也很难做,因为空头套保和多头套保完全不对称。所以,机构再也不用看目前的位置、市盈率和估值了,只要机构的套期保值制度还在,个人交易最多只限制开300手交易500手,放眼全国,他们做空就没有对手。没有对手就可以大胆的空,无论什么位置,越空越跌,越跌越空。

这也是很多人问我,在低位他们难道不想做多吗?答案是,想,但做不了或不会去做。机构遇上涨只能平仓,最近的一次大跌是10月26日,当天1分钟线成交量最大的阳线是在14:29,跌了一天终于在很小的1分钟线放量阳线了,可我看了这全天多头最牛的一分钟的成交状态,我无语了。

证据在此,如图所示后面的成交状态,竟然是清一色的"空平",什么是空平?就是空方进行平仓。如果上涨的动力不是靠多头开仓,而是靠空方平仓,这有多么可悲!因为套保很难开多仓,所以遇到上涨行情只能平仓。这个跟我问的几家券商衍生品交易经理的结果是一样的,遇到行情怎么办?不是开多头套保,而是平空头套保(前面介绍了为什么机构在能做多头套保的政策下,却不做多头套保)。

原配图（2012111201）

北京	价格	现手	仓差	性质
14:29	2257.4	52	-20	空平
14:29	2257.6	85	-2	空平
14:29	2258.0	227	-48	空平
14:29	2258.4	161	-93	空平
14:29	2259.0	697	-412	空平
14:29	2260.6	64	-20	空平
14:29	2261.0	180	-83	空平
14:29	2261.6	260	-161	空平

平出来的仓呢？等待涨了之后，再空回去。对不起，因为他们只能空，所以也只能空平。因为他们只能空平，开不了多，平出来之后呢，等涨再去开空。真是可悲啊，还有更可怕之处。可怕之处在哪？在于上涨之后总有人虎视眈眈地想空你呢。我写这系列文章，不论下跌还是上涨，若行情涨了，大家淡忘了这个股市下跌的罪魁祸首，将来牛市还是会被这如潮水般的空军消灭，我们不能好了伤疤，忘了痛。

所以中金所要求机构严格执行套利保值的这把屠龙刀，屠不了龙，却屠了机构套保多头、间接地屠了牛，因为它使得整个股指期货市场机构间多空严重失衡，机构在做空，谁在做多呢？个人，近7万的个人股指期货投资者及少数一般法人。股指期货的隔夜持仓单是8万手，即每个人平均做1手多的多单，我们按每个人两手多单算，中信证券一家机构做空13000手，得需要6500人作为对手盘,你还要求神拜佛,这6500人的多方阵营可别有人叛变,因为机构通常不叛变(套保的只在做空),多方微小的叛变就让足以造成短期多空失衡了。可惜,叛变是求神拜佛也改变不了的常态,是家常便饭,人数太多太分散。

林子大了,什么鸟都有;鸟要是大了,就什么林子都敢飞。

股指期货对市场的意义是正向的,但机构套保制度成了屠龙刀,不仅制造了空军,还制造了空军里面的:幽灵。

---作者点评---

空,平空;再空,再平空。

机构绝大多数在那段时间里,就只这么干。

2012年11月13日

徐小明:探寻股市下跌的真正原因(11)——刀下幽灵

我们常听到说刀下亡灵,但今天我要说的是刀下幽灵。

亡灵是死掉了,套保制度的本身制造了庞大的空军,导致股指期货下跌消灭了好多多头。但我今天说的是幽灵,它没死而且活得有滋有味,但它见不得光,他隐藏得很深,**我叫它幽灵。它目前生存方式有点像寄生虫,寄生在屠龙刀下(期指套保制度),**

所以我叫它刀下幽灵。

我们再看中金所披露的这些交易数据,我找到了很多的证据。如图所示,图中成交量排名第一的兴业期货,我观察它好久了,它在多头持仓前20家机构竟然没有,在空头持仓的前20家机构里以900手居第18,但近期每天的成交量不是第一就是第二。图中做了10万手的成交,但它并没有多头持仓也没有空头持仓,也就是这10万手的交易不是套保交易,而是投机交易。

原配图(2012111301)

合约:IF1211								交易日期:20121101		
成交量排名				持买单量排名				持卖单量排名		
名次	会员简称	成交量	比上交易日增减	名次	会员简称	持买单量	比上交易日增减	名次	会员简称	持卖单量	比上交易日增减
1	0102-兴业期货	103750	25805	1	0001-国泰君安	6975	-502	1	0018-中证期货	14364	755
2	0018-广发期货	95698	27948	2	0016-广发期货	4253	237	2	0001-国泰君安	7855	221
3	0011-华泰长城	94236	14461	3	0109-银河期货	4166	217	3	0133-海通期货	7058	340
4	0133-海通期货	80487	12539	4	0011-华泰长城	3512	38	4	0011-华泰长城	2855	234
5	0001-国泰君安	75239	15332	5	0133-海通期货	2811	-59	5	0007-光大期货	2469	-683
6	0007-光大期货	56874	11551	6	0007-光大期货	2514	177	6	0016-广发期货	2351	213
7	0131-申银万国	53167	10019	7	0018-中证期货	2392	-129	7	0131-申银万国	2218	734
8	0008-鲁证期货	40277	5251	8	0131-申银万国	2332	-355	8	0156-上海东证	1927	328
9	0002-南华期货	39547	8197	9	0003-浙江永安	2202	31	9	0008-鲁证期货	1818	136
10	0109-银河期货	38586	11479	10	0002-南华期货	1995	-234	10	0010-中粮期货	1645	-318
11	0018-中证期货	35022	3796	11	0008-鲁证期货	1762	-101	11	0113-国信期货	1633	66
12	0009-浙商期货	28259	5863	12	0168-中投天琪	1758	279	12	0136-招商期货	1593	19
13	0168-中投天琪	24222	22	13	0009-浙商期货	1881	-427	13	0115-中信建投	1586	44
14	0156-上海东证	21997	-2653	14	0136-招商期货	1662	-131	14	0002-南华期货	1572	-455
15	0126-渤海期货	21652	369	15	0156-上海东证	1553	-167	15	0019-金瑞期货	1397	186
16	0003-浙江永安	21269	4707	16	0159-中国国际	1548	829	16	0109-银河期货	1361	127
17	0137	17137	3030	17	0010-中粮期货	1243	405	17	0003-浙江永安	908	208
18	0136-招商期货	16346	1150	18	0150-安信期货	1231	-80	18	0102-兴业期货	900	-228
19	0170-瑞达期货	16303	1317	19	0170-瑞达期货	1231	102	19	0152-新湖期货	860	96
20	0008-东海期货	14337	1484	20	0017-信达期货	1106	-221	20	0168-中投天琪	833	-297
合计		894405	161467			47725	-91			57221	1728

通过中金所的交易数据,我找到了空军司令,如果说中证期货是以隔夜套保为主的机构中的空军司令,那么兴业期货就是以投机为主的日间交易之王(华泰期货也一直是日间交易非常活跃的,但华泰期货没有兴业期货那么明显,兴业坚决只做日间交易,只投机)。因为:

1. 兴业期货里的这笔资金，像幽灵一样隐藏得很深，每天来也匆匆、去也匆匆。

2. 兴业期货里的这笔资金，量很大，占主力合约全天成交总量的20%左右，完全可以主宰日间交易走势。

3. 兴业期货里的这笔资金，纪律严明，只做日间交易，是绝对高手。

4. 兴业期货里的这笔资金，规模在几十个亿左右，而且是保证金，其资金按期货市值高达几百亿左右。这些钱集中扔在盘口上，肯定会扔出点名堂，1分钟成交8000手左右的现在股指或1分钟线很常见(8个亿保证金)。

但很明显我并没有给它很高的评价，因为它所做的事，我称之为幽灵算给面子了，我之前给它起的名字是"刀下魔鬼"。

我之所以称之为幽灵，是因为这家伙也是主要在做空。

股指期货盘中为什么会经常莫名其妙的在盘口跳水？

这个我不用多说了吧，你若看到大盘在盘口上井喷或跳水，以前一定是某只板块在整体大涨或大跌，大盘才会这样，而股指期货推出之后，大盘盘口出现井喷和跳水的原因十有八九是股指期货出现井喷或跳水在先。

那么股指期货为什么会在盘口上出现莫名其妙的井喷和跳水呢？这就要研究日间交易了。除了机构一部分持仓做空还有一部分做日间交易，另外就要研究兴业和华泰期货。兴业期货隐藏的某种力量，纪律如此严明，但他们是在做投机，每天绝不隔夜，所以我断定兴业期货和华泰期货是日间交易之王，投机不是一两个人的交易，而是一群人，但这群人的行动高度一致，背后一定有高手统一指挥，所以他们在主宰日间交易。

还拿 11 月 1 日的中金所数据来说，中证期货（中信证券的自营股指期货套保部分）的成交量是 35000 张单，他的持仓是 15000 张单，即中证期货这些单我认为盘中有砸盘行为，即它没有把全部的套保额度变成隔夜单，而是长期持有一部分（半数左右）空单，另一部分短期砸盘，我说砸盘一点都不过分。因为套保的行为目前只是空和平空，所以机构套保部分的日间交易，我判断他们的方向仍是向下的。

而兴业期货，它的隔夜单只有 1000 手，而成交单却有 10 万手，这就代表了其几乎全部都是在做日间交易，绝不隔夜，他们在做投机。按理说，这 10 万手的日间交易，怎么也应该拼得过 35000 手的日间交易啊，可惜没那么简单。35000 手都是做空的，而这 10 万手多空不好说。

我之前就注意到他们，但我一直以来都没有说，我要观察他们是敌是友。

这么大的投机，是否能够抵抗机构套保的力量，我并不想轻易给他们下结论。一直到目前，从所发生的市场表现来看，这股力量表现得很不寻常，因为他们非敌也非友。

他们大部分时间里不愿意跟机构套保资金正面为敌，多半可能会借力打力，也在做空，机构对他们的表现比较暧昧。

心情好的时候，也反咬机构一口。机构套保对于牛市是吃人的狼，他们就是吃狼的虎，因为他们有时候连机构也咬。

―――――――――― 作者点评 ――――――――――

我发现了幽灵，有的是寄生于机构清一色做空的环境之下，我希望他们能干掉机构一次，哪怕只有一次，这样机构就不会肆无忌惮的做空股指期货。当然，当时的盘面来看，他们跟机构的关系，很暧昧。

但我仍寄希望于他们，因为这是唯一能抗衡的力量了。

 2012 年 11 月 14 日

探寻股市下跌的真正原因（12）——幽灵的苦衷

虽然这股力量在过去的历史里，只知道逐利，但也有苦衷。

1. 头脑风暴。如果将来他们不泯灭良知，也许我们会成为朋友，因为我十分欣赏他们的头脑，他们是这个行业里最顶尖的精英，多年以后人们可能会去研究他们。他们专业、冷静、低调、坚毅，具备了一切高手的要素。

2. 谁在盘中做空。屠龙刀（机构套期保值制度）使得市场的两大参与主体——机构和个人站在了对立面。机构博弈个人，强弱立现是下跌的主要原因。因为机构方向一致（做空）且集中，个人分散，并且可多可空，所以多方阵营经常叛变，由多转空。在这种交易规则下，个人很难抗衡机构，市场运行方向在向机构方倾斜，这是正常的。

但这种倾斜会不会导致股指期货盘中莫名其妙的跳水呢？我在长时间的观察中，发现这个事情是有人带领的，是谁？就是主宰日间交易的人，一部分是机构做的日间交易的部分（机构也并不全做隔夜长期），另一个部分就是上一篇文章我提到的这部分群体。因为他们看准了机构博弈个人的结果，做空没有对手，跟机构一样，盘中凶猛地做空。

3. 双杀。上面说过机构套保做空是牛市里吃人的狼，那么这部分人就是吃狼的虎。因为他们少数时间兴致高的时候，连机构也要咬一口。因为机构做空套保有个问题，套保交易不像投机交易那么活跃，有交易活跃度的限制（每周最多两次进出）。这些投机者集中在日间交易战场上交易活跃度的优势，在跌到一定的情况下，比方说持续下跌或严重超跌，会利用资金在超短期比机构更集中的优势里，引发市场的交易共鸣（引发散户抄底），瞬间短期阻击套保机构——先做空杀多头，再做多杀空头，双杀。

够狠。

但你不要误会他们是要救股市才做多，他们做多并不敢正面与机构交锋，做多很犹豫，做空倒是绝不手软。

是谁制造了黑色星期三和黑色星期一？

4. 黑色星期三（如下页图所示）。2132点之前和之后的反弹行情都"牺牲"在一根大阴线下（图中大圆圈），它们两个都是星期三，而且都是股指期货结算周的星期三，分别是11月16日和3月14日，即当月第三个星期三，这绝不是巧合。因为股指期货的交割日在每个月的第三个星期五，也就是说要么在周五选择交割，要么在周五之前换当月合约到下月合约去，但为什么是星期三呢？因为星期三之前，当月合约成交很大，下月合约成交量很少，主力能平当月，但换不到下月。星期三之后，当月合约成交很小，下月合约成交很大，主力换到了下月，但平不出来。

因为套保都在做空，而又需要集中在周三换合约，做空的是机构，做多的多是个人，个人投资者如何抵挡得住成千上万的机构空单"集中来袭"？幽灵们（主做日间交易）利用这一点则引领市场暴跌。对手盘实力相差太远，机构在反弹高位做空是赤裸裸的，因为他们知道并没有对手，而反弹的高位又提供了足够的做空空间，所以这几次日线规模的反弹都夭折在"黑色星期三"，以致遇到星期三就害怕，非结算日的星期三也恐慌性下跌（图中小圆圈）。

原配图（2012111401）

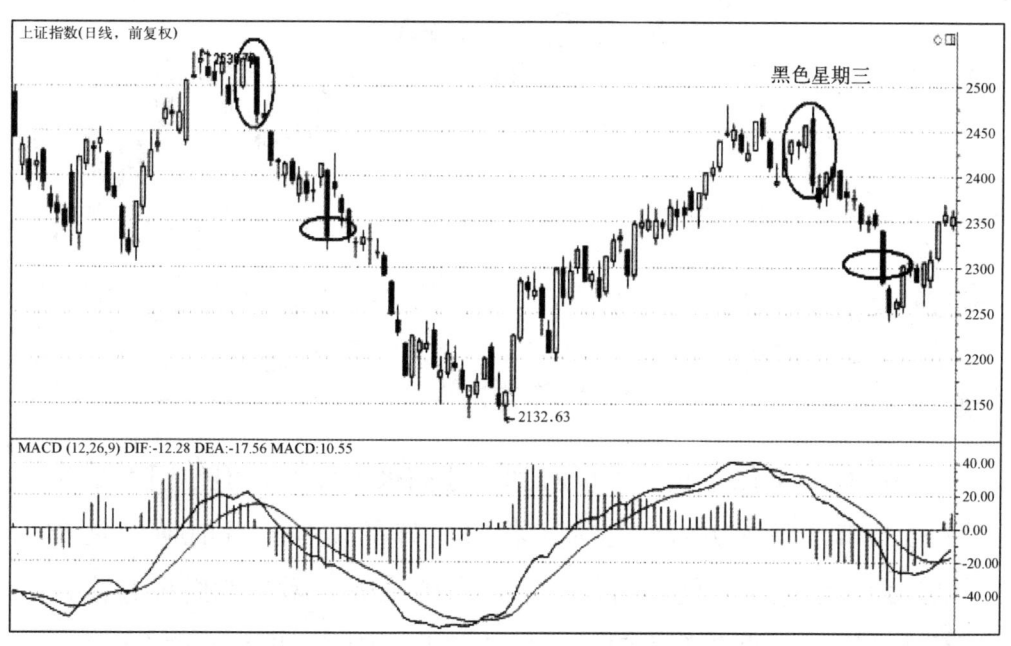

5. 黑色星期一，如下页图所示。今年5月以来的主跌阶段更是无比惨烈，在这100多天的下跌里，绝大部分的星期一都是黑色的，而且跌幅都不小，为什么呢？因为股指期货是T+0交易的，市场处于低位，幽灵们也担心管理层会出政策性利好，所以周五先回避,然后观望周末消息面上的变化,一旦担心中(散户期待中)的救市政策没有出,周一便大胆地继续做空。因为股指期货开盘要比股票早15分钟,在9:15开盘,多数周一股指期货懒得平开,直接低开跌下去。

原配图(2012111402)

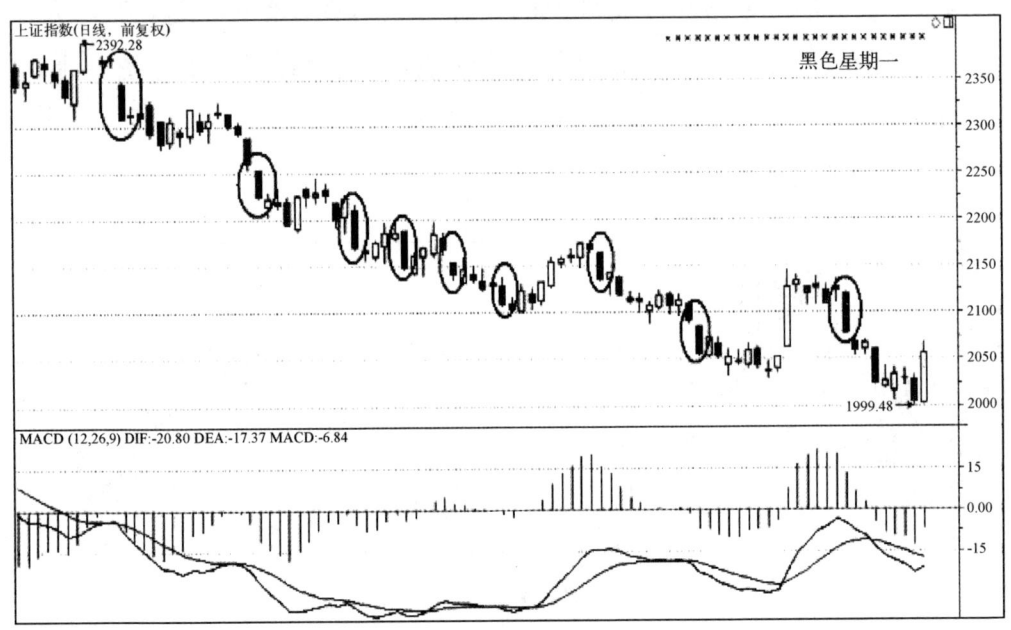

6. 抵挡不住。我们可以看到,他们极度聪明,但他们不是为了救股市,每一次做多是为了将来更好的做空,目前他们是魔鬼。我曾经想过,他们为什么不想当英雄呢?因为他们担心这并不是机构做空的全部力量,机构在不断地申请更大的做空份额,并且有更多的机构加入进来。他们在短期集中的时候力量占优,但终究抵挡不住机构长期的空单袭击。

7. 资金本质。追逐利润是资金的本质,这本无可厚非,但我们要有最基础的道德标准,海洋捕捞还有休渔期,做空不要太过了。可是有时候他们做得太过了,所以我才想叫他们魔鬼,但我为什么没叫他们魔鬼,而叫幽灵呢?

8. 幽灵的苦衷。在现有的机构必须严格执行套期保值的基础上,他们长期做多,就变成了机构的对手盘,机构做空全国没有对手,他们也不例外,所以他们只能在交易活跃度上比机构有优势,而做多很容易被机构绞杀。所以在这个领域,有点逼良为娼的味道(但他们制造了很多次盘中莫名其妙的大幅下跌,这就是甘心为娼了)。但他们没有办法,在屠龙刀(机构严格要求套期保值)下,机构之间并不形成博弈,而是清一色做空,他们正面打不过机构,全国也没有谁能跟机构的空军正面交锋,不得不当幽灵。

9. 换个思维。也许他们不是不想做多,而是没有办法,对此我表示充分的理解。如果在魔鬼和英雄里选,你不想当英雄吗?

---- 作者点评 ----

我提出幽灵的时候,希望中金所能重视,有人利用股指期货的多空失衡大幅获益。

如果中金所分析一下在这个阶段收益最大的前20名账户,日内交易量最大的前20名账户,怎么会让日后的俄罗斯人的伊士顿公司500万人民赚走了20个亿,又怎么会在多年以后2015年股灾才发现呢?

十年

2012 年 11 月 15 日

探寻股市下跌的真正原因(13)——个人之殇

想到股指期货的个人投资者，其实我一直都不知道这个文章应该怎么写。

以上我讲过的三个部分群体——中金所、机构、幽灵，在整个下跌的过程中，都有错，但我谈起他们时我的表达是有区别的。

对于中金所，我反复说、一直说，但我并不是骂。因为中金所有些事情他们也是在摸着石头过河，错始于机构套保制度和细节，中金所并不是错误的执行者(机构才是)。大家也别乱骂中金所，你是要骂人解气还是要解决问题？对于中金所这边，我只是想说，过去已然过去，出于对未来着想，能不能思考一下我说的逻辑和事实是否真实的存在，会不会是某个制度上确实存在考虑不周之处。通常我们遇到外界的质疑第一反应总是先排斥，如果中金所的第一反应不是排斥，而是敢于思考一下有争议的地方，那这才是大家风范。

对于做空机构，我骂了，骂的很重，而且我认为还不够重。没什么好说的，他们该骂，怎么骂都不为过。

对于幽灵部分，他们也有错，但我希望大家能对于他们给予充分的包容之心，如果在机构之间能够形成平衡，谁掌控了日间交易，谁就掌控了未来。股指期货世纪之战必会发生，他们有可能会成为英雄，因为必有人因此一战成名。

第四个部分的群体，就是今天要说的，在这种环境下的交易股指期货个人投资者，你们需要把我下面的话好好看看。

为什么股票下跌是缩量的，而股指期货下跌是放量的？这个问题大家想过没有？2011年各机构套保盈利规模在100个亿左右（中信证券、国泰君安、海通三家就近50亿），这个盈利的钱从哪里来？答案很明显就是做空套保的对手盘，即个人投资者和一般法人机构的多头持仓。

也就是说绝大部分交易股指期货的个人投资者，他们是赔钱的，而且是赔了很多，所以中金所千万别小看这件事情。我们看证券公司在行情低迷大家赔钱的熊市里，连开户的和交易的都少了，是赔钱效应导致的，但股指期货市场没有赔钱效应吗？大家为什么越挫越勇？

答案只有一个，个人投资者的补仓盘。一部分是第一批股指期货的交易者，他们亏钱了之后，利用杠杆原理采用了金子塔式加码，即低位加仓以求摊低成本，不排除他们卖房、卖股票，加仓股指期货，这是一种赌博式的股指期货交易。另一部分是股票赔太多了，也是想利用股指期货的杠杆翻本，从股票市场转战股指期货。

他们的原因或动机其实很简单，因为市场的位置太低，也正是因为位置低，才让他们采取赌博式的加码。我很担心，因为大家对这方面研究的太少，事实根本就不是他们想的那么简单。因为大家做的再多也不会是做空股指期货机构的对手，这场仗，怎么打都是打不赢的。

最大的问题不在于将来会不会有行情，而在于你能不能坚持到那一天。你做1手，跌了做2手，再跌了做3手，一旦到达你满仓(保证金满仓是6倍透支)，再跌，你就没钱补仓了，3手降到2手，2手降到1手。即便将来有行情，可你没钱了，你也没有同等手数的多头，你还是翻不回本的，肯定是赔大了。

作为股指期货里最悲催、最惨烈的个人，你必须注意这一点，除非你有足够的把握，能够扛过股指期货的这个冬天，否则透支交易的后果很严重，不要因为位置低，就觉得风险小。

我在这里先要对中金所说，目前这部分个人群体，是股指期货里最早接触的群体，他们是股指期货最开始的拥簇者，也是资本市场里最优质的一部分投资者，他们现在已经处于水深火热之中，若他们被伤害了，以后谁还敢进股指期货市场呢？无论如何都要先保护好这部分人，不要让市场和机构伤害到他们。

其次要对机构说，不要做空做得太过分了，有力量、有能耐去外盘对付国际市场上的高手，若你的胜利是建立在千万个家庭的痛苦之上的，你的灵魂将会被诅咒，永不得安息。

作者点评

最后一句话说的够狠。

但核心我要说两点：第一，机构清一色做空赚了大几十个亿，不算盘中做日内交易的幽灵部分，这个钱哪来的？请大家想想这个钱哪来的？

第二，无数个人投资者他们输红了眼，但他们胜算很低、很低。我指出了他们的问题所在，但其实我知道还是救不了他们，因为他们为了最后的希望而坚持，如果市场不让他们坚持，他们连最起码的希望都没了。

我当时没有办法保护他们了，所以才说的够狠，希望有良知的机构能够高抬贵手。

 2012 年 11 月 16 日

探寻股市下跌的真正原因（14）——个人之路

很多人肯定会疑问，在这种情况下，股指期货的个人投资者该怎么办？多空力量如此悬殊，要不要跟随机构做空呢？

对此我还是那句话：做空没有信仰。

股指期货不会跌到零吧，无论多头交易环境多么恶劣，无论机构做空多么凶猛，无论证券市场多么惨烈，下跌终究是有止境的。因为只要你买入的位置相对较低，终究有一天行情会涨上去的。即做多者，希望是永远存在的，会有双脚踩在大地上的那种踏实的感觉。

而做空呢？无论你分析有多么多的原因导致市场下跌，可是只要市场在涨，因为上涨是没有止境的，2500 是高点还是 2600？3000 点是高点还是 4000？6000 点一定是高点吗？在这上涨没有止境的前提下，你拿什么去支撑自己去相信终究有一天行情会跌回来？你在做空的时候遇到上涨就像整个人飘在空中，你不会有踏实的感觉。

做多是对的，你只要控制好风险，终有一天你会走出泥潭。如果你像做股票那样交易股指期货，100万投资股票和15万投资股指期货是一样的，但是我们可以节省出85万的现金，买买银行理财产品，打打新股，无论牛熊市你都是保证能跑赢大盘。而买的位置相对低一些，主力杀不掉你、打不垮你，这种稳健的交易方式终究会让你因熬到牛市而获利，几乎无懈可击。

所以对于股指期货做多的个人投资者，我最担心的并不是大家的交易方向，而是担心大家的交易方式。没有极强的控制能力，贪婪会让你觉得"位置低"而过分透支交易额度，使你可能熬不过股指期货的这个冬天。

而对于股指期货做空的个人投资者，危险则更大，你必须要思考上面我说的信仰问题，做多可以死守，因为下跌终究有止境，有止境就有希望。由于上涨没有止境，涨到多高你不知道，是否会再跌回来你也不知道。所以做空死守，就像在解一道不知道有没有答案的数学题，等一辆不知道会不会来的列车。

你知道那感觉吗？当你做空在出现亏损的时候，最折磨你的，不是亏损的额度，而是你没有信念。

无望，那才是最痛苦的。

这一天，做空者，无论你愿不愿去想，我保证将来它会到来。

做空你尝到了甜头，会让你高兴得过早，会让你麻痹了市场风险。当你越以为安全的时候，风险将如期而至。遇到极限大牛行情可能会让你倾家荡产，主力刻意制造这种漫长的但不很剧烈的慢熊走势，也许就是为了吸引更多的人做空，这个甜头将来会毁了很多人。

所以我对股指期货个人投资者的忠告是：做多是对的，但不要透支做多，因为你们面对的是这个市场里，最聪明、最凶悍、最专业头脑的较量。而现在，你必须忍受这原本不该忍受的。古今中外，可有哪个国家的机构套期保值是清一色做空的？

面对在股指期货里熬着的多头个人投资者，希望一切都能够好起来。

原上帝保佑你们，阿门。

―――――――― 作者点评 ――――――――

即便是多年以后，我仍然对当年给出的建议而感到骄傲。

做多的方向是对的，我劝告做多的个人投资者不要怀疑方向，但要控制做多的方式，不要透支交易额度。透支交易额度，可能会熬不到市场的转向。而只要控制好杠杆，做一个坚定的，甚至傻傻做多的人，后来都大胜了。

做空的投资者，要思考信仰的部分，做空是没有信仰的，这也确实成为牛市里做空者的死穴。

2012年11月19日

探寻股市下跌的真正原因(15)——解决方案

我们的希望在哪？我们的希望在于两点：第一，中金所修正股指期货套期保值制度；第二，股指期货市场出现扛起做多旗帜的英雄。

它们是有顺序的，如果不修正股指期货的套期保值制度，机构还是在清一色的做空套保，没有人会站出来当英雄，因为没有人能当的了这个英雄。而如果修正了股指期货的套期保值制度，机构之间形成多空博弈，时势会造英雄，英雄自来。

我既然能把股市下跌的原因"探寻"到这，必然是想过解决办法的，供管理层和中金所参考。

在认真分析过中金所的套期保值交易制度，我们只要找出为什么机构在可以做多头套保和空头套保的制度下，却清一色地做空股指期货就找到了问题的根源。

直截了当地说吧。

问题一：不想做多。多头套保交易过程复杂难操作，空头套保过程简单易操作。先说空头套保，因为预期股市下跌，持有股票多头，开股指期货空头，可直接开空，不做就平空，简单。再说做多套保，预期股市上涨，因为资金没到位或资金量过大无法短时间内买进，先买股指期货多头，然后再买入股票多头，然后再卖出股指期货多头，即完成把买入的部分从股指期货到股票的转移，这太复杂。因为绝大多数机构，并不存在做多股指期货的原因（资金不到位、短期无法买进），加之多头套保流程过于复杂，所以不是做不了多头，而是根本就没必要做，不想做。

建议解决办法：交易方式对等。可直接开空平空，那么对应的就应该可直接开多平多。套期保值是一种行为，不应该是一种制度。叶某曾经在6124五周年的时候说，作为监管层，我们只需要保证交易制度的公平、交易信息的公开、透明即可，没有必要区分什么是投机、什么是投资,我十分赞成。同理,作为股指期货的监管层,我们只需要保证交易制度的公平即可(做空和做多的方式相同),没必要去区分什么动作是投机、什么动作是套期保值。

问题二:不敢做多。目前机构持股数远大于持有现金数,拿持1亿资产规模、持仓量80%的机构来讲,可以做8000万元等值的空头,只可以做2000万元等值的多头。现有的多数机构就是这种情况,套保制度没有考虑到现状,导致套保多空可交易的额度严重不对等,这样做多的会有所顾忌,因为多空不平衡、力量悬殊,即便有的多头想做多却不敢做。

建议解决办法:交易额度对等。比方说如果你股票仓位80%,能做2000万元的多头和8000万元的空头,那么限制你只能做对等多头的2000万元的空头。如果你仓位是30%,能做7000万元多头和做3000万元的空头,对不起也限制你只能做和空头额度对等的3000万元的多头。如果你全部是现金,做不了一手空头,也限制你做不了哪怕一手多头,你只有加仓股票,才能加仓股指期货的多空,这就是交易额度对等。(建议额度不再采取审批制,可视股票市值情况根据防范投机原则,电脑自动计算多空额度,两个值取其中较小值作为多空同等额度值)。

机构交易股指期货最终的具体方案如下(特简单只两条)。

一、防范投机原则

股票市值+股指期货多头市值 < 产品规模100%(防范超额做多投机);

股票市值-股指期货空头市值 > 0(防范超额做空投机)。

二、对等原则

多空交易方式对等、多空交易额度对等。

这就是交易制度的公平,既不倾向于多方,也不倾向于空方。机构在交易股指期货的制度上,多空就完全平衡了。价格低,就会有机构做多;价格高,就会有机构做空,机构之间形成博弈,而不是机构博弈个人,股指期货机构清一色做空就解决了。

股指期货的问题解决了,股市的问题就解决了。

做个小调查,希望大家踊跃投票(大家的投票有助于推动相关部门对此问题的重视):

上述建议是否公平(不倾向多方也不倾向空方)?是否能够扭转机构清一色做空的现状?

如果机构套保的交易制度真的改变了,那么会有什么样的效果呢?

原配图(2012111901)

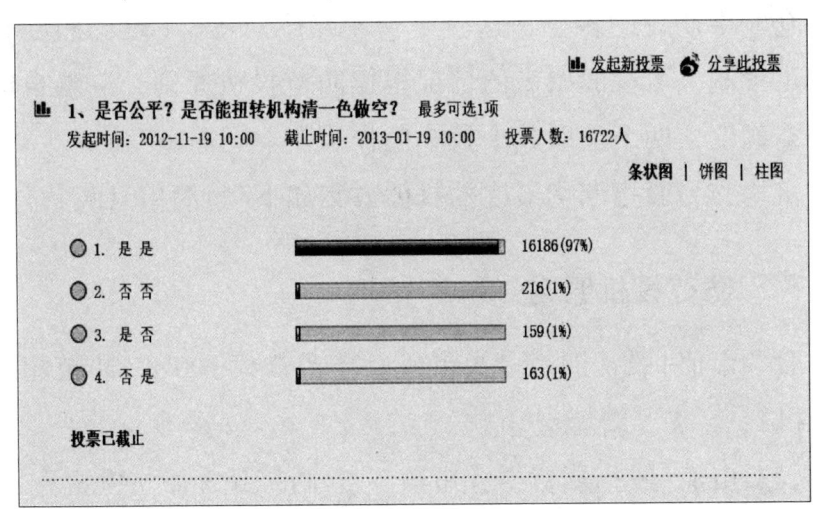

―――――――――――― 作者点评 ――――――――――――

我给的解决方案是相对公平的。

保证交易制度公平,就不会出现多空失衡,对等原则就是为了公平。

――――――――――――――――――――――――

 2012 年 11 月 20 日

探寻股市下跌的真正原因(16)——效果赌约

证监会郭树清主席在十八大期间说,监管层应对股市下跌承担一定责任。说得好。

股民追问郭主席,错在哪了?问得更好。

有一首歌,叫做"一千个伤心的理由",有一个股市,可以找到"一千个下跌的理由"。可这众多的下跌理由当中,只有一个是真正原因,起决定性作用,所以我的系列文章的名字叫做探寻股市下跌的真正原因。

市场上认为救市效果最好的、目前呼声最高的是停发新股和取消或降低交易印花税。

这里谈谈我的看法。

一、暂停发新股能不能救市?

重融资、轻回报,一直被广大投资者认为是下跌的主要原因，所以每到低迷的时候，就会有声音建议停发新股。可是我们来观察一下以往的停发新股的行情走势，你就会发现新股停发未必能够救股市。拿最近的一次暂停发新股来讲，2008年9月中旬暂停，市场反应冷淡，如果这是个立竿见影的利多政策，那么股市会第一时间有反应，可市场不仅没有反应，其后行情还是从2000点跌到了1664点。

总结，暂停新股发行，立竿都不见影。

二、降低交易印花税能不能救市？

2008年下跌的一年里降低了两次交易印花税，两次大盘涨停，对比上面的暂停新股发行对市场的影响，可谓是立竿见影。但它们之后却有个共同的特征，即都是因为利多政策导致市场涨停，却都没有阻止住市场的下跌趋势，也就是说只是形成小级别的规模性反弹。相反，因为听到出利好政策"之后"而慌乱买入的投资，几乎都成了"套牢盘"，这是个惨烈的事实。2007年5月4000点时，交易印花税由千分之一，加到千分之三，这已经是十分明显的利空了，大盘呢？其后还不照样涨到6000点。

总结，降低交易印花税，立竿见影但收效甚微。

那么纠正股指期货的套保制度能不能救股市？

如果机构不是清一色做空，而是可以做多可以做空，并且对应相等的额度，那么他们就没有放眼天下做空没有对手的基础，他们在低位做空就得想一想后果，也就不是跟大户后面喝汤那么简单了。信仰的问题在机构之间也是存在的，当多空的制度平衡，位置又这么低，再遇到上涨，就该轮到做空的机构心里没底了，会有很多机构率先意识到这层关键因素，由空反多。随着空反多的人增加，股指期货会出现上涨。而上涨，就会引发更多的机构，空反多。

所以，纠正股指期货的套保制度，就像吹响了做多的冲锋号，不仅会立竿见影，而且效果显著，直接会导致股指期货大幅、快速上涨，并带领股市大幅、快速地上涨。

我用一句话来描述效果并立赌约：

假设管理层认识到问题的关键所在，解决了股指期货的机构套保制度的缺陷，机构之间能够形成公平对等的多空博弈，股市如果不能在6个月内上涨30%以上或12个月内上涨50%以上，即涨回股指期货推出之前的位置（我有把握和依据），我愿意追随葛优、郭冬临、史玉柱，剃光头一年。

今天立字为证。

后　　记

到这，大家也许想不到探寻股市下跌的真正原因系列文章会突然结束吧，其实我还有几节写完了，但没有发上来。我保证，这个悲催的股指期货套期保值制度做了反思之后我会发上来，我是思考过解决之前怎么做，解决之后又该怎么做的，如果这个制度没改，发了也没用，作为本系列文章的保留部分吧。

写这么多内容就是在探寻股市下跌的真正原因，伴随了我多个不眠之夜。我之前一直没有写过连载，这次写是因为我下定决心做这个事情，详细地把整个事件揭露出来，我希

十年

望大家能够从头到尾 16 篇文章一篇不落的看完,以避免断章取义,因为这里面有严谨的逻辑、确凿的证据和铁一般的事实。

欢迎广大网友随意转载,广大媒体随意刊登,不要稿费,也可以不署我的名字。

我不为名,或许这件事并不能改变什么,也或许因为写这系列文章会得罪一些人,我试着勇敢一点,并愿意为我写的文字和言论负责。

因为在我们之中仍有很大一群人现在仍坚信,股市的未来会更好。

为了这个信念,值得我们这一代人,奋战到底。

(探寻股市下跌的真正原因,全系列文章完)

------ 作者点评 ------

这篇文章是第一个连载系列文章。

结束之后,中金所很客气地请我去他们那,当时说给报销机票和酒店,我后来全部自费。

我对中金所并无恶意,我只想追求平等和尊重。

如果我能改变这一现状,我所有的努力都没有付之东流,但我第一次去中金所,很失望,他们还是在试图说服我。

而我坚信,在这件事上,我是对的。

2012年11月28日

推动管理层了解下跌的真正原因(1)——开始

在无数个不眠之夜的深入研究之后,我发表了《探寻股市下跌的真正原因》系列文章,当然市场绝大多数的专家学者,包括中金所,都是持反对意见的。首先我并无意与专家、学者和中金所制度的制定者为敌,但如果有相关专家甚至制度的制定者确认自己在这个领域研究得比我更深,请写信给我,约个时间,我愿在网络上以现场直播的方式与你公开辩论。

其实就股指期货是否是股市下跌的真正原因这一情况,必然会引来争论,我早就预料到了,我本次上海之行的效果去之前我也就预料到了。也许上海我本不该去,但我还是决定要去(去之前上海方面说我全程的机票、住宿都由他们报销,但我拒绝了,我全程是自费的,就为了换取对话时对我意见的尊重)。就像这系列文章本不该由我来写,可是我得去写。

就像我无意与专家、学者和中金所为敌的思路一样,我不是想搞一个学术研究,孰对孰错,我没那么好面子,如果股市能涨上去,对或错我都愿意接受。

今天我要对专家、学者们说的是,如果你是在为推动股市健康发展而反对我,我只请你做些交易吧,哪怕股指期货做1手,股票做100股。你会明白我说的是不是真的,我要说的是什么。如果你认为能纸上谈兵式的把我驳倒,那你可以和我参加网络电视的公开辩论,我随时应战。

我要对中金所说的是,机构清一色套保做空,这都快成世界奇闻了,如果事实存在,你无论怎么解释,都对下跌难逃其咎。你干嘛要去承担下跌的责任呢?行情下跌,有很多人指责证监会,但很少有指责上交所和深交所的。作为交易所本身,你只需要保证交易制度的公平就行了,其他,由市场说了算。

最大的问题就是,你制定的交易制度极不公平,要不你就解释不了这世界奇闻——套保机构清一色在做空。

在我这个层面上已经尽力推动此事的发展了,但我也知道自己力量有限,所以我呼吁社会各界全面、全力、全速推进股指期货套保制度的公平与完善,推进股市的拯救计划。

我公开了我的信箱,广纳大家的建议和意见,但我发现了更深层的问题。

作者点评

有些事大家知道,有些事大家不知道。我最开始只是希望能引起相关部门的重视,我是有论点和论据的。但《探寻股市下跌的真正原因》系列文章发表以后,形成了很大的影响。有一些过激的投资者,表达诉求的方式并非像我一样有理有据,这件事既然因我而起,我对这件事是有责任的。

我写这个系列文章的目的,其实只有一个,就是引导大家正确地表达诉求。

我第一次去中金所,结果不是很满意,他们试图说服我,但又没有出具事实和证据。第二次中金所来人到我公司,那次我是满意的,双方都很坦诚,大家可能觉得我跟中金所势不两立,其实后来我们的关系很融洽,后面我会说到。但我写这个系列文章的时候,和之后相当长的一段时间里,没有感觉到中金所有解决事情的诚意,所以矛盾略有升级。

2012年11月29日

推动管理层了解下跌的真正原因(2)——为什么是我

连我自己都认为推动这个事情的人不应该是我,那应该是谁呢?三个群体:相关的专家或政策制定部门、政策执行者,说白了就是经济学家、中金所和机构。

他们都没有说这件事。

1. 经济学家为什么不说?因为他们并不做交易,就像郎某某一样,他明确说他并不做交易。而不做交易,就很难理解我所说的股指期货在带领股市这个事实,没有这个事实就推不出股指期货才是股市下跌的罪魁祸首。如果没有依据,听起来会有违经济学常识,所以他们很少有人来说这件事,偶尔有人说也只是说到表面,说不很深,因为他们不了解实情,并非他们的社会责任感不够。

2. 中金所为什么不说?中金所当然心知肚明机构清一色做空的事实,但它并不愿意承担这个责任,或者说它没有勇气去准备承担这个责任。他们一直强调交易制度没有问题，列举了很多看起来很有道理的依据，却闭口不提到底机构套保具体多少在做空，多少在做多。媒体就没有一个人想知道这个数据的吗？从这件事上来讲，他们有意回避，更别说主动来说这件事了。

3. 机构为什么不说？机构是交易政策的执行者，他们明白在这种制度下只要放心大胆去做空就好了，因为没有人做多，市场就没有对手，一路空下来盆满钵满，他们是既得利益的受益者，所以他们明知而不说。

4. 个人投资者为什么不说？一是到现在仍有很多个人投资者交易股指期货的仍不知道机构都在做空，信息不对称；二是有人知道却事不关己；三是知道关己却影响力有限，说了大家也听不见。

我以前在等其他人站出来说话，其实我知道不应该是我说，但一直都没有，我做这件事效果可能不会很好，但行情已经这样了，我想我们不应该也不能再等了。

那为什么是我呢？

1. 我不是经济学家，压根就没学过经济学常识，所以经济怎么影响的股市，对不起，我不知道，我只知道我眼睛能够看到的事实，股指期货涨，股市这边就跟着涨；股指期货跌，股市这边就跟着跌。经济影响股市对我来讲，那太抽象了。股指期货影响股市，是那么具体、那么真实、那么显而易见。

机构在清一色做空的事实，是套保制度造成的，所以不管多少人说股市下跌跟股指期货没关系。我可以像个孩子一样说真话吗？皇帝的新装不怎么样，因为他根本就没穿衣服，他光着屁股呢。

2. 我不是中金所，不是制度的制定者，不用自己担负制度有问题的压力。自始至终我对中金所都是客客气气的，股指期货就是摸着石头过河，制度有问题不要紧，不作为才是最大的问题。

3. 我不是机构，不用看领导的脸色，也不用遵守套保制度，不用管市场死活去玩命做空。要是我身在机构而说这件事情，丢饭碗是肯定的了，所以我不用怕丢饭碗。

4. 我也不是一般的投资者，我做这个事情有三个优点：有深入研究的能力，有一定的影响力，我是自媒体。但有一个缺点，我不是体制内的、我是民间的。

5. 我的研究是专业的，我的信念是坚定的。最近收到了很多投资者的来信支持，这让我很感动，因为我发现我并非孤军做战。股市里有这样的一群人，坚信股市的未来会比现在更好，为了这个信念，值得我们这一代人，奋战到底。

作者点评

这件事确实不应该我去做，但做了也就做了。直到多年以后，我把这件事写进书里，我依旧为我作为一个市场人士而有对这个市场的担当感到骄傲。

2012年11月30日

推动管理层了解下跌的真正原因(3)——荆棘之路

不管路途有多遥远,只要去,就必到达。

当我选择了去做这件事情的时候,就注定自己走上了一条荆棘之路。我思考过能解决问题的部门只有三个,我个人认为的分别是:中金所、证监会和国务院。以目前的情况来看,三个部门我都够不到,但最有希望够到的就是中金所了,因为对我来讲中金所级别最低。

在我写这系列文章之前,我给中金所是打过电话的,接电话的客服很温柔,但结论是:对不起我们快下班了,请下午打来。13:00我打过去,还是那个接电话的客服,她同样温柔地说,对不起,相关部门13:30才上班。我还特意问问清楚是不是我听错了,13:00开盘的股指期货,监管部门中金所13:30才上班?结果答案再次是肯定的,当时我就感觉鸡皮疙瘩四起。

好不容易等到了13:30,电话转接到"相关部门",相关部门根本不听我说的是什么,问我:请问你咨询机构套期保值的事情,你是机构吗?我们只针对会员单位进行解释,不针对个人,有相关疑问请咨询期货公司。我就这么被打发了,当时我很想坐飞机冲过去,但最后还是忍住了,我知道冲过去结果也是一样的。

从那以后,我再也没有给中金所打过哪怕一次的电话。将来他们如果能在 13:00 股指期货开盘就上班，也许我会再跟他们谈谈这事，那代表了一种态度，现在这态度还是算了吧，大家也算了吧，谈也白谈。

但我可没有灰心，因为这事本来就有点滑稽，跟制度的制定者去说制度有问题，这太不靠谱。之后，我就想到了给中金所的主管部门证监会提建议和意见，我去做了，但我没有收到回复或问询股指期货的相关情况，我不知道这件事情的进展。

再之后，我就在中金所网站上看到了一份公告，就是我在探寻股市下跌的真正原因里的第 6 和第 7 篇文章谈到的《欢迎更多机构参与股指期货促进资本市场稳定健康发展》这份公告。

从这篇公告里，我分析出好多事情来。

1. 这个公告主要目的是给谁看的？是给个人看的吗？不。因为很多人不炒股指期货，炒股指期货的个人也并不熟悉机构的套保制度；给机构看的吗？也不是，因为没这个必要啊，机构要是有疑问，直接电话沟通了，干嘛发公告呢？那么是给谁看的呢？就剩下一种最大的可能，给领导看的。外界向领导层反映股指期货制度有问题，领导层又反映到中金所，那他们就发个公告说制度没有问题，文章用专业的方法论述，除非领导层也是专业的，否则肯定觉得他们说的很有道理，找不到问题出在哪。

2. 就连我也不得不承认，这个公告写的"十分专业"。它的内容我完全可以反驳，但它有个强大的逻辑，即写了一大堆看似有道理的内容，推出了一个简单的结论——限制做空是人为的扭曲，万万不可的。如果领导层认可了他们的结论，那么就意味着结论不可行就没必要去研究过程了，而"限制做空"，要么是提出诉求的人描述不严谨，被中金所抓住小辫子猛踢；要么就是完全子虚乌有，中金所欲盖弥彰、转移视线。

对此我哑然失笑，我又该怎么推动这件事情呢？

——————————— 作者点评 ———————————

中金所上班时间的事后来我了解了一下，原因是这样的：中金所是由几个老的商品期货交易所共同出资组建的，人员也是商品期货交易所的，所以上班时间也是。

我对自己的好奇心也是挺佩服的，这很无聊的。

2012 年 12 月 3 日

推动管理层了解下跌的真正原因（4）——上书证监会

感谢中金所的公告，否则我还不知道管理层和中金所都是怎么想的，当我仔细的研究了这个公告之后，我采取了下一步动作。我知道自己已经不能只是写信了，需要面对面直接向管理层描述问题所在。

可是我根本接触不到郭主席，但我侧面了解到一个事情，郭主席本人每天工作到很晚，鞠躬尽瘁。那时候他还没有说监管机构要为股市下跌承担一定责任这样的话，可是我已经知道郭主席是个好主席了。郭主席说监管层要为市场下跌担责，但为什么迟迟没有救市动作，可能管理层并不能确定什么是股市下跌的"主要原因",就像全国人大财经委员吴晓灵在前天(12月1日)说的话：股市大跌违背经济学常识,百思不得其解。

我的希望又来了。

我找朋友托关系才把一份文件递上去,当然并非给郭主席本人,但肯定是证监会高层了,把股指期货交易制度的问题反映给领导层,内容是不能太多的,嗯,你们懂的。如果我把写的16篇连载打印出来,并把这个上交给相关部门,我估计他们连看都不会看了。所以我们推动事情的进展,要严格考虑在什么环节用什么样的方式方法。能在较短的时间内,把事情描述清楚才是最重要的。我提交的建议,简明扼要,没有长篇大论。

我只写了三件事：

1. 股指期货确实在带领股票指数；
2. 股指期货确实在"向下"带领股票指数；
3. 解决方案。

这件事本来就没有什么要背着人的,所以我今天把这个文件也一并传到网上。爆料：这是原文件。

然后就等相关领导的"召见"了,我在最后写了我的名字和留了电话,因为我要"面述"才能把这个事的逻辑讲清楚,这一页纸肯定无法说清楚,能说清楚的长篇大论,领导又不会看。只有留下联系方式,期待面对面的陈述机会,才能够把事情真相说出来。我做了好几天的准备,我认为有把握在15分钟之内把事情说清楚。

后来我确认该领导看了我写的这份文件,但很遗憾,他没有召见我。我觉得这个事情已经足够引起领导层的注意了,但为什么后来会石沉大海呢？之后我分析,只有两个原因。

第一个原因是领导层并不认可股指期货导致股市下跌的说法，可是要给我一个让你认可的机会啊。

第二个原因是我自己分析的，原因不是别的，因为是我。因为我不是吴敬琏、不是厉以宁、不是林毅夫，也不是许小年、不是吴晓灵、不是徐小平。因为是我，我是徐小明。

对不起，让大家失望了，这也是整个事件里最为让我自己失望的一个瞬间。

因为朋友关系我不会说出这位证监会高层的名字，但你放弃了我和我提的建议，也许就放弃了管理层对股市下跌真正原因的一次了解。当然，这样的结果也在我能接受的范围之内，因为我一直比较低调，我从没当自己是个什么人物，我就是我。至少我能确定我的建议他是看了的，所以并非毫无意义。虽然直到现在，我仍希望管理层能给我15分钟的时间，我愿意再自费去次上海。

我会反思，问题出在哪了，以至于我明白了我的力量也许仅限于此。

这并非妄自菲薄，我没时间去菲薄了。我还能够去做另一件事情，就是把整个事情批露出来，引起更多人的注意。我做不到的事情，让其他人去做，让更多的人去完成它。

我并太关心这件事是不是我做成的，它没那么重要，解决掉它才是最重要的。

如果有一天这件事情得以解决，那不是我一个人的功劳，是我们大家共同的力量与智慧。

原配图(2012120301)

作者点评

我真的不在乎这件事谁做成的,我也不为名不为利,就是为了咱们的市场更加健康。我能做的我去做,如果做不成,将来我老了,我也不遗憾。

因为我确实为此努力过。

2012年12月4日

推动管理层了解下跌的真正原因（5）——16 连载

在中国的资本市场，最大的悲哀是什么？是一些根本不做交易的人，在制定交易政策，在探讨交易政策的对错。更悲哀的是什么？能决定政策的管理层，出了问题去问这群人怎么办。

我为什么一定要面见管理层呢？因为如果管理层没有十分了解整个事情，他们的做法会是把这个事情转给中金所，然后又回到了我们去让制度的制定者去说制度有问题的不靠谱逻辑了。我对这个问题足够专业，但我分量太轻说不上话，能够对这个事情说得上话的，却对这个事情的研究不够专业。反映到领导层，领导层如果自己不去研究，而是问中金所，中金所再出意见给领导层，不管是证监会还是国务院，这事就办不了。我十分担心这个事情的进展就是这样的。

这事解决起来特别的容易，取消套保制度，机构自由选择多空，套保是一种市场行为，它本就不该是一种制度。证监会和中金所也完全没有必要去为机构都在做空去担责，去为市场下跌去担责，**还是把多空的权力还给市场吧**。

我们如果要反驳中金所的逻辑，必须证明一个比它更为强大的逻辑。我们如果要更多的人来推进这个事情，首先就需要更多的人来读懂这个事情，所以我将本来准备反映给领导层的，系统详细、直接地写出来，用连载的方式。

我之前从来没有写过连载,但我下决心要做这个事情。**这就像破案一样,要有动机、有证据、有后果、有逻辑、有作案过程、有事实依据。**

然后才能,判其有罪。

这是个极大的工作量,陪我度过了许多个不眠之夜。

我为什么要用连载的形式呢?因为这是一个很复杂的逻辑体系,如果用一篇文章来描述,那就成了老太太的裹脚布,又臭又长。我要是将繁长的东西硬推给广大投资者,效果肯定不会很好。我每天只谈一个点,我就只谈这一个点,把它说清楚,说明白,这更容易被大家所接受。

然后再把整件事情用逻辑联系起来,文章里还要有承启、有伏笔、有高潮,还不能像枯燥的学术报告那样。其实我文笔一直不怎么好,好在这事也不用文笔太好,这些简单的要素,还是能够帮助我完成这个庞大的系统工程的。

直到我写了近2万字。

如果你认真地、从头到尾一篇不落地看完我的文章,我相信你会了解整个事情的真相,会知道问题出在了哪。这样我的工作就没有白做,我的心血也就没有白费。到今天我仍担心连载的方式,大家会以偏概全、断章取义,所以在那系列文章的最后,是真心地希望大家能从头到到尾看全的。

在整个写作的过程中,我极为谨慎,在一些不能确定的事情里,我都要亲自去调查研究。在此要感谢证券公司自营做衍生品交易的一些朋友,我们都在为了这件事而凝聚,因为我们都知道这是一件很有意义的事情。

我们必须谨慎一些,为什么?

作者点评

本文我提到了两个思想：

第一个是将多空的权利还给市场，美国资本市场的监管相对简单，少管甚至不管。多和空、涨和跌是市场的选择，我们不要总管着，越是简单而公平的制度对市场越是有效。

越是有效的市场越是会自我调节。

第二个是你要论述一个事，就像破案，我来论述探索股市下跌的真正原因，用了很长的篇幅写了动机、证据、后果、逻辑、事实过程等。

那些打电话要求管理层取消股指期货的，就是在帮倒忙。

2012年12月5日

推动管理层了解下跌的真正原因（6）——严谨

还记得中金所的那个公告吗，它告诉我们如果我们有漏洞、有缺陷、有错误，会被"对手"抓到把柄，导致功亏一篑。这件事时刻提醒我要严谨，因为行情已经留给我们犯错的机会不多了，所以我们一定要严谨，要尽可能少犯错误。

昨天我还看到了一篇文章，题目是：《A股"熊"霸全球 请"砖家"别总拿经济说事》，有兴趣的可以自己网上搜一下这个文章，这是一个很有良知的媒体人写的，我尤其喜欢他写的这个标题。连总书记都在说"空谈误国、实干兴邦",股指期货这件事的背后其实是"学院派"与"实践派"的交锋。很多人都开始明白了,就像文章的题目所写,拜托各位"砖家"别总拿经济说事了。而我早就说了,近几年经济怎么影响的股市,对不起,我看不到啊。可股指期货怎么带领的股市,我却能看的真真切切。而我根本并不介意股指期货带领股市,但我介意的是,为什么它总向下带领股市呢?

在此我也呼吁更多的媒体人能够把这件事情扛在肩上,也许你并不能确定我说的是否准确,但能够引起更多的人注意并讨论这件事,意义同样是重大的。因为股指期货机构清一色做空,而且还在越跌越加仓做空,都已经快成世界奇闻了。

但该文章里面形容机构清一色做空的"原因"是不够准确的,机构套保也不是"不能"做多,而是"不想、不敢"做多。

不能和不想、不敢,虽只差一个字,意思却差一万里啊。

如果我们说现有的套保制度使得机构不能做多,就是十分不严谨的,如果这反映到领导层,反而会帮了倒忙。领导层肯定会调查,不能做多因为不是事实情况,就会被对手抓到小辫子,我们之前的工作和努力就有可能付诸东流。事实上也不是这样的,机构的套期保值制度是能做多的,但制度没有考虑到市场现状,导致机构却不想做多、不敢做多,在"事实上"存在了清一色做空,而并非制度不让做多。

我在提出这个解决方案的时候,也是很谨慎的,其实这是比较复杂的一种解决方案,即我们还是要求机构不能做透支交易,不管是透支做多还是透支做空,所以才有了第一个原则。而第二个原则才是交易规则的核心——多空方式对等、多空额度对等。

十年

实际上我跟后来的一些机构当中的专业人士探讨，他们说没必要这么复杂，因为现在每家机构都有风险控制部门，只要开放就行了，即取消套保制度。

再次重申：套期保值是一种交易行为，就不该是一种交易制度。如果股票做多，同时股指期货做空，即便采用的投机交易编码，那就是在做套期保值啊。股市这么低，却利用交易制度的漏洞，大肆做空，即便采用的是套期保值的交易编码，那就是在做投机啊。中金所啊，你考虑过这一层没有？你想当个好老师，却教出了坏孩子。你看到了坏孩子，却不闻不问，还发公告说鼓励更多的机构交易股指期货。怎么交易？是不是还要做套期保值吗？股市的下跌，跟你的鼓励坏孩子不无关系。

所以我每写完一篇文章都要仔细检查多遍，直到自己觉得满意。我本就是个严谨的人，不乱说话，我要用最严谨的方式，来写完这系列的文章。所以我敢于说，谁认为在这个领域比我研究得更深，包括中金所交易制度的制定者，我愿与他公开辩论。

因为我写的并不是我研究的全部，我研究的比我写的还要深，那我为什么有的事情知道但没有写出来呢？

作者点评

如果在整个事件中有一个部门是错的，那么整件事的正确性和严谨性就会受到怀疑。我一直是一个比较严谨的人，我会看到市场上很多评论这件事的逻辑和证据当中的问题和缺陷，我希望自己至少不出现低级错误。

2012年12月6日

推动管理层了解下跌的真正原因(7)——突出主题

在这个系列的写作过程中,我收到了很多广大网友的来信,尽管我当时还没有正式公布邮箱,只是很早以前在博客首页上有显示。

广大投资者向我提出了其他很多个导致股市下跌的原因,但大家知道吗,我们必须突出主题。有一首歌,叫做《一千个伤心的理由》,也有一个股市,可以能够找到"一千个下跌的理由"。但我们必须找到"最"重要的、起到决定性作用的,它才是真正原因。

所以我的系列文章的名字就叫做探寻股市下跌的"真正原因",我们如果把导致股市下跌的所有原因都拿出来,你若是领导你怎么区分其重要性?先解决哪个、后解决哪个?会不会像监管部门之前出的一系列政策一样,动作很多却不见成效?

多则惑,少则明。

我们必须把影响股市最大的、最主要的、真正原因提交给领导层。大家的意见我有看到,也能理解,可对不起了,伤其十指不如断其一指。我只能提股指期货套保制度这一个方案,我十多年的一线交易经历,和对股指期货的深入研究,我向大家保证,我十分确定股市下跌的真正原因就是股指期货。

我要坚强不被任何事情所打扰,我要勇敢无畏荆棘之路。

十 年

我要十年磨一剑。

但就连股指期货套保制度这一个事情，我也十分谨慎，之前研究的套保额度和投机额度的问题、疯狂的股指期货老鼠仓问题，我都没有写出来，因为我怕繁杂的事情描述太多，影响领导层对于股市下跌主要原因的判断力。

在16篇文章里的最后一篇，我为什么写了停发新股和印花税的事，就是要告诉大家，这些导致股市下跌的声音我是知道的，我没有只看到股指期货的问题，大家反映的我都了解、都明白，但我要突出主题，因为这至关重要。

我经常听到的一句最老气横秋的话是，你错了，股指期货不是下跌的原因。或者是说，你错了，股指期货只是下跌其中一个原因，真正的原因是"此处省略N多字"。就是因为我看到的是大家的来信，我才不得不做回应，如果是对手的，我都不屑理他们。

桃花坞里桃花庵，桃花庵下桃花仙；桃花仙人种桃树，又摘桃花换酒钱。别人笑我太疯癫，我笑他人看不穿；不见武陵豪杰墓，无花无酒锄作田。

---- 作者点评 ----

多则惑，少则明。

简单一直是我的重要原则之一。想要做好交易，简单点；想要解决事情，也要简单点，找到根本原因，然后直入主题。

2012年12月7日

推动管理层了解下跌的真正原因(8)——王二蛋

赌约：机构清一色做空问题解决之后，6个月内行情不能上涨30%或12个月内行情不能上涨50%，我愿追随葛优、郭冬临、史玉柱，剃光头一年。关于这个赌约，我也是慎重考虑过的，别以为我赌的过小，葛优大叔那是实在没办法。别人赌是赌行情的涨跌，我赌的是制度的对错。

我做这个事必然会得罪很多人，戳到他们本已敏感的神经，很多网友也看出来了，并一直提醒我注意安全，我也确实收到过一些看起来很吓人的信。身边的朋友都劝我别写了，这其中也包括我的家人。Sorry，哎，我有时候会觉得对不起他们，这么大的人了，还害他们为我担心。这个事的确不应该由我来做，但，我已下定决心去做了。

如果他们一开始并不理解我，希望能从这一刻起，试着理解和支持我吧。

我要讲究方式和方法，以及有序的推进这个事情。赌钱是不可取的，我的建议之所以得不到领导层的重视，也许因为我上学的时候没好好学习，导致我无法以优异的成绩考进优异的大学，导致我无法进入到体制内，导致我是民间的，我说不上话。

我希望的一种状态是做管理层的朋友，为管理层分忧。包括对中金所我也是这个态度，我多次像个朋友一样劝说中金所明显

十 年

不够聪明,中金所啊,你看股市下跌有指责证监会的,甚至有指责郭主席的,但可有指责上交所和深交所的?交易所就保证制度的公平,信息的公开、透明就行了,你管什么是投机、什么是套保呢,管它干嘛?放开对机构的管制,机构做空、做套保,跟你没一点关系呀。

当然就算我再怎么当中金所是朋友,中金所估计也不这么看,他们现在肯定恨死我了,心里可能在想,到底哪得罪我了,怎么总有个盯着他们不放的王二蛋。

亲爱的中金所啊,我也没办法啊,机构和幽灵在利用你的制度漏洞洗劫个人投资者。行情已经不知道怎么涨了,连基本的弹性都没有了,这是极不正常的。广大投资者,因为位置低,而在坚持希望,坚持正确的交易理念。我们不能说他们的理念是不对的,我们也不能说市场没有希望了,把他们仅存的希望拿走,你看过他们的眼神没有,他们除了希望还有什么?

政策的制定者,尚没有意识到这个严重的制度漏洞,而这群逐利的空军因为都在做空,放眼全国没有对手,胡作妄为。个人投资者呢,因为在相信逢低买入的正确理念,仍在坚持着,任由这些空军洗劫。甚至有人在卖房举债金字塔式、赌博式加仓,为什么?就是因为他们仍坚信市场会因为低而出现上涨。

而空军先把他们套住,再利用"越跌越补"的心理"越跌越空"。你看不到吗?空军要杀了这批人而后快。

我建议大家也要死盯着这件事,不要因为行情涨了就淡忘了,好了伤疤忘了痛。这就像做多头上总是顶着个雷,悬着把刀。你开放机构的交易管制,让机构自行选择多空,把自主权交换给市场不好吗?这么低的位置,空军自己就会烟消云散,你就救了这批人，也救了股市。我要不是因为事情紧迫，我干嘛死盯着你不放啊！

大家看过周星驰版的电影《武状元苏乞儿》吗？乞丐的多少是由皇帝而不是乞丐决定的，傻子才愿意去当乞丐呢。亲爱的中金所啊，王二蛋的多少，是由你们中金所决定的，如果多空真的是机构自由选择的，王二蛋们就是想盯着你们不放也无处可盯啊。你应该放下理论体系，去机构实际问问它们为什么这么低而不去做多，不就清楚了吗。但请你立即行动，"空谈误国、实干兴邦"这句话不是随便说说的。

如果管理层对下跌百思不得其解，大家也一样应该用朋友的立场跟他们提一种能够帮得上忙的建议，就像再提个醒而不是逼着他们去做什么。

所以我的赌约是剃光头，光头的事，大家都可以当玩笑来看，不用太拘谨，太严肃。据说，我这圆脸就算剃了光头也不至于让北京市容太过难看，所以我会信守承诺。

另，别忘了，我不一定会输。

---- 作者点评 ----

我最喜欢的人里，李教先生是很重要的一位，他嬉笑怒骂，他金刚怒目，他菩萨低眉，他反求诸己，他尼姑思凡。

尤其喜欢他嬉笑怒骂的这种状态，感觉李教先生活得特别明白。

2012年12月12日

推动管理层了解下跌的真正原因(9)——底线

文章写到这,大家已经能够了解我有多严谨了吧,如果我们推进这个事情不讲究方式,不能够合理、合法地表达诉求,我们就会出师未捷身先死。我写这个系列文章之前,我说大家的来信让我发现了一个更严重的问题,就是大家表达诉求的方式太过激进、太过莽撞,我们虽然很惨烈,但必须保持克制,否则解决不了问题。

郭主席昨天在第三届上证法治论坛上指出:健康的市场和社会,必须允许经常的、广泛的批评,我们欢迎各种尖锐意见和建议。当然,我们不赞成谩骂和诽谤,因为这不解决问题,而且破坏文明环境、损害国家形象,不利于我们的少年儿童成长。郭主席你太给力了,我们没有骂、没有诽谤,我们就是呼吁制度的公平,数据的公开透明。

作为这件事情的发起人,我寻求大家的帮助,但也需要对大家进行正确的引导。我希望大家不要毫无根据、没有章法地指责证监会和中金所,我们要合理、合法地表达诉求,这是底线。

上一篇文章写了之后,越来越多的人担心我的安危了,让我要绝对注意安全。首先我表示感谢,对此我有如下看法。

1. 首先个人投资者不会恨我。

2. 中金所可能有人会恨我，但恨的不会很严重，我最多就是害他们多上半个小时班而已，大不了来北京我请他们吃个饭，不至于让我有什么危险。况且机构要是不被限制了，一点不影响现在的持仓和交易方式，成交量没准还会再上一个台阶呢。

3. 机构也不会太恨我，因为这套保制度，它没的选择。做空他们自己也在赔钱，我骂的虽狠，但毕竟没有指具体某个人。如果我让他们有选择了，没准还会感谢我呢。

4. 最需要担心的是幽灵部分，我对他们其实也比较客气，虽说让幽灵见了光，但高手较量的是头脑，这才精彩，拿不到桌面的会被对方所不齿（对我用恶我会反击哦）。而且他们都是有钱的主，他们的身家性命比我金贵多了，犯不着跟我一般见识。

5. 管理层呢？像我这样有理有据、合理合法的表达诉求的人，如果都要去担这方面的心，将来不就一个敢为市场说话、敢为管理层分忧的人都没有了吗？

作者点评

当时我收到很多恐吓邮件，还有一些电话，但我没太放在心上。我分析了这件事的各个群体，觉得问题不太大，我没有伤害谁，无非是改变了一些规则。那些恐吓的邮件，他们没想到还被我直接公开了，然后就再也没有各种恐吓了。

感觉整个世界，清净了。

2012年12月13日

反击,以后请别来惹我,我退出

在我写股指期货这件事以来,一直收到各种威胁,直到近期已经威胁愈演愈烈,我在微博前几天就已经提及这事,但我一直隐忍,就是为了等到这一天,反击。

先从一个人说起,此人叫"某韬",之前发微博攻击我,我周六还特意发长微博客客气气地回应他,我开始感觉他可能误会我了,但我发现别人攻击我一般都不会指名道姓,而他则毫无忌讳直接攻击我。

他攻击的罪名完全莫须有,他说我呼吁"取消股指期货"和"严禁机构进行套期保值",请问,我写了这么多字,哪篇文章说到过这两句话?第一,取消股指期货,这可能吗?股指期货的个人投资者赔得一塌糊涂,取消期指他们能干什么?第二,严禁机构套期保值,我又什么时候说过?套保是机构的自由,我说的是取消机构的套保制度,把多空自由的权利还给市场,如果届时机构还去做空,那仍然是在做套保啊,**套期保值是一种交易行为,根本就不应该是一种交易制度**,我是建议中金所放松管制,把多空的权利还给市场,这不好吗?我何时说过严禁机构套保?

大家也评评理,我有说过这两句话吗?我如此严谨,亦躺着中枪,而有些媒体突然大肆推荐和登载这个完全无中生有的攻击性文章，这事明显幕后有人精心策划，直接针对我的，故意让我躺着也中枪。拜托，下次派个高手来，行吗？

他是什么目的？莫非他是为了借我出名？但后来我发现事情远没有那么简单，因为想攻击我而出名的人我能理解，但肯花大价钱攻击我的人是为了什么呢？发微博、登报纸（第一财经日报），然后再上全国最大的新浪财经来攻击我。

这个"某韬"，我以前从来没有见过，以我多年的低调处事风格，没有得罪过谁。除了这件事让我异常勇猛以外，大家有没有想过我为什么一反常态，这么勇猛？这事我一直不想说，说了就会被对手知道。

用越低越补的"理念"对付他们越低越空的"资金"，根本没有胜算，相反各路资金利用这个"正确的理念"在围杀这批人，相关部门迟迟不出手，这批人已经危在旦夕。要是放在任何一个有良知的人身上，会明知而坐视不理吗？那些说我在炒作的人，有时候我真想大嘴巴抽他，他们懂个鬼，我只身犯险，不帮忙就算了，有必要说风凉话吗？

对空军里面有良知的人，比方说机构的操盘手，"诅咒"是管用的，他们知道我说的是真的，如果胜利是建立在千万个家庭的痛苦之上，你的灵魂将被诅咒，永世不得安息。但对于更多做空的资本，这招没用，因为他们根本就没有人性。

我仔细研究之后，发现空军们在低位有心理弱点。记得我说的黑色星期一吗？他们在低位做空也胆战心惊，最怕一件事，怕出政策救市，看到周末没有救市消息，周一开盘就可大胆做空了，看看从5月份到9月份到底有多少个黑色星期一是中阴线吧，还不明白吗。我看准了，抓住了他们的弱点，拼了命在"搅局",正式展开对空军的心理战。

股指期货的制度不公平是秃头上的虱子,明摆着的,原来是太少人懂,但随着讨论的声音越大,对普通投资者的保护越大,空军心里越没底。但我用的"诅咒"和"搅局"是"小聪明",这批人都是这个市场里顶尖的头脑,瞒不了多久的,这事最终的解决方案必须是管理层具备"大智慧"。

所以我可能会因为不断提醒制度有缺陷而得罪了中金所,但我对中金所没敌意,我只是心急他们为什么看不到这么简单的问题所在,我去过中金所,开诚布公地跟他们谈过其中的利害关系,但不被他们重视,他们已经被学院派的那一套根深蒂固了。中金所不喜欢我是肯定的,可要说中金所威胁我、恐吓我,我是万难相信的。所以我在微博说了,此事,另有其人。还有,大家不要去骂中金所,到现在我仍认为中金所并不是故意的,他们对机构实施套保,起因是怕机构资金量太大而影响市场。但中金所,请你想一想,为什么**股指期货两大基本功能:套期保值和价值发现,就只剩下套期保值的功能了呢?**

别的地方我不熟悉,但我对新浪太熟了,新浪财经之所以全国闻名,不是你想上文章就能上文章的,你的文章得有质量、有内容。而"某韬"的这篇文章,作者既不是大人物,直接攻击我的全称(后来才去掉的),内容又是进行无中生有的诬陷。我当时只是奇怪,以新浪财经的专业水准,怎么能推荐这样的文章呢?再后来一看,好家伙,新浪首页1处推荐、新浪财经首页3处推荐、新浪股票2处推荐、新浪博客首页3处推荐,全面轰炸。

别说新浪首页和新浪财经首页了,就是新浪博客首页,最顶端的置顶，就连我这新浪第一财经博主，都很难上到那个位置上去，我都有点小羡慕他。我的全国最高20亿博客点击量，没有半点水分，没有炒作，不靠走后门挖关系，也没有特殊照顾我好的推荐位，兢兢业业写了5年。他一个初来乍到的，没有名气又用的假名，怎么这么多牛×的位置？而且直接针对我的，攻击的内容又完全莫须有，这太反常了。

原因恐怕只有一个，他花了大价钱，这颇伤我心啊，我一直当新浪是"娘家"的。如果他为了出名，直接攻击我有可能，但没道理花这么大的价钱来攻击我？这几个位置要是软广告的话，估计得几万块了。谁对我这么"厚爱"呢？他要干什么？由于披露这件事，近期总是受到威胁，一般人吓都吓死了。

我就搜了一下某韬先生，不搜不知道，一搜吓一跳。据网友说某韬不小心百度空间的真实姓名忘了隐去，这哥们大家都认识，就是当年大名鼎鼎山东的孙某某，一个入市近20年的老油条（这可不是我说的哦，大家看发帖时间，我又看了他写的书，特别是前言和第一节，我判断网友说的八九不离十）。但我想了想，我跟他没仇啊，他为什么要这么针对我，而且这么狠呢。唯一能解释的理由，就是我触动了他们的利益。

所以我今天不得不说出来了，我博文里写的幽灵，这是中国资本市场里最凶猛的一股力量。资本是嗜血的，哪有利润就扑向哪里，因为机构套保清一色的做空，滋生了幽灵的生长环境，就像现在最流行的一句话：事物必先腐而后虫蛀。好好想一想我为什么叫他们为"刀下幽灵"，**我一开始只是想救市，桥归桥路归路，我发现了他们，并不想得罪他们**，所以我博文里所描述他们这块的时候，还是很客气的，还说他们有苦衷。

十 年

其实，2011年我预计他们这块的灰色收入可能会高达几十个亿，大家可以查看我形容幽灵这块的那张图的成交量。投机每天做的交易额要远大于机构套保的，但我当时只是猜测，中金所我去过的，我跟中金所的专家提醒过这方面，但我没有像机构清一色做空，而且越跌越空那样有确凿的依据。

如果如网友所说，某韬就是孙某某先生，你两次被相关部门处理，一次被刑事定罪，一次被证监会市场禁入，兄弟失和，朋友离弃，你知道是为什么吗？

但这个人是个有"能力"的人物，他被判刑都能缓刑和从找媒体攻击这事的运作上可以看的出来，他是资本市场的老江湖了。那么之前我对股指期货老鼠仓的怀疑，就变成了现实。威胁并非是假的，即有很多人恨我入骨。

中金所，嗯，我对你是敬重的，但现在已经无话可说了。这几年多空套保数据会是跟随你"一生"的疤，你越是捂着这个疤，就越有人去怀疑它。其实这个数据已经过去了，不重要了，但未来呢？后面还有QFII和险资等着进股指期货，怎么进来，还是必须套保吗？股指期货已经成为了资本市场无法承受之重，我们的未来在哪里？

我一直是个很低调的人，但我亦看不下去这资本市场里**赤裸裸的围杀**。我在做了巨大的心理斗争之后，选择站出来说话，却让我面临如今这么大的一个棋局：有人怀疑我的目的背后说风凉话；有人根本不做研究就否定我说的事实；有人暗中限制我流量、删我留言却广发对手文章；有人拿我从来没说过的言论恶意诬陷；有人明知公众该有知情权却坚决不对外披露数据；还有人几乎每天发几十封邮件威胁我。

你们到是不遗余力啊，就是因为我说了真话？

我打不过你们，但是我依然会去跟你们打；你们想逼退我，好吧，我退出，但离开前我还可以咬你们一口，实施反击。

我都不知道自己哪来的勇气，我们生活在一个幸福的没有战争的年代，但我们并不缺少对祖国、对社会、对民众的责任与信仰。我多次说这事本不应该我来做，可是我做了，去让自己以一个小物的肩抗一个天大的事。

幽灵部分，我跟你们本井水不犯河水，你们为何苦苦相逼？是让我知难而退吗？我对此事的信念是坚定的，你们小看我了。

对于股指期货的**老鼠仓**，证监会和公安部可以调查除套保大资金以外超过100手以上的"大单高频交易"（他们优势在短期资金灵活集中）。我曾经说过有另一股力量在盘中砸盘，刻意做空，并非是小资金能够做得到的，而这股力量他们隐藏得很深，在做日间交易，而非套保。但只要在操纵市场，就必然会留下蛛丝马迹。从专业角度来看，他们会有一批"大单高频交易"的账户（由于投机交易手数限制，一般会开多个个人账户），在砸盘的瞬间会出现"账户联动"，即有人统一指挥。

也可从单日跌幅较大的中阴线寻找线索，注意当日盘口上出现的快速下跌阶段的交易数据，通过多个周期这种数据的比对，特别要注意中金所披露的当日"成交量"前5名的期货公司，我认为能够找到这群"做空中国"的人。只要抓到其中的几个人，就会拔出萝卜带出泥。

恳请证监会和公安部，彻查。

这件事情的后续发展已经并非我能力所及，因此事与各方面的较量就到此为止吧。我和对手们算打了个平手，我身心俱疲，对手也好不到哪去。

我说了我做这件事，就是为了将来老了的时候不去后悔当初没有站出来，其实人活一辈子，就是别留什么遗憾。我想此事到现在我已经没有遗憾了，我倾尽了全力，我的内心是安宁的，所以我并不怕他们，以后也别来惹我。

我累了，我开始怀念以前炒点小股、写点文章、讲点小课、挨点小骂的那种小日子。

到此为止吧，一切终究会尘归尘、土归土。

让历史来证明对错。

徐小明

原配图(2012121301)

原配图（2012121302）

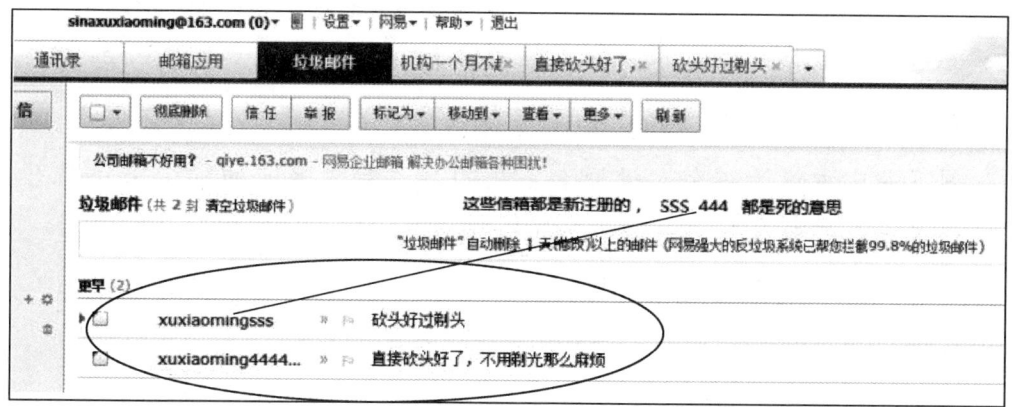

作者点评

这篇文章是 2012 年 12 月 13 日写的，次日，2012 年 12 月 14 日出现了 2012 年的年内最大单日涨幅，也许是巧合。

这篇文章是这件事的最猛烈的时刻，也是这件事的句号，我的使命已经完成，我要急流勇退了。

但我本文说了几件事，都是大事。

1. 围杀。我亲眼目睹了几个因为做多股指期货而陷入绝境的投资者，他们越跌越补，机构却都在做空，个人成了机构的对手盘。我推断全国陷入绝境的个人投资者大批量的存在，但他们赢不了，我深知他们赢不了。

用越跌越补的"理念"对付机构越跌越空的"资金"，根本没有胜算。大家要注意，高位杀空很多人就直接跑了，低位杀空才是围杀。那些赌性上来的人，低位不甘心服输的人，有些卖房子卖公司来维持多头仓位的人，他们当时正在被空军围杀。

我是看不过去,来搅局的。

2. 老鼠仓。如果机构都在做空,就会出现多空失衡,有机构资金做空保护,老鼠仓必然会滋生,而且股指期货带杠杆,就代表了老鼠仓带杠杆。机构套期保值的资金只负责创造多空失衡,剩下的比方说干掉个人投资者多头的事,对于专业的资金来讲难度不大,而且这件事还很难定性。你要证明机构多空导致的多空失衡,再导致市场操纵是很难定罪的,不管是定罪老鼠仓还是市场操纵。

我发现了这些围杀个人投资者的资金,但桥归桥路归路,我也不想得罪他们,这确实是本意。我不能说他们违法了,但利用资金优势和机构都做空的失衡,来阻击个人投资者,这是霸凌行为。很多事情并不是法律层面的问题,而是道德层面的问题。

3. 股指期货两大基本功能:套期保值和价值发现,为什么这里只剩下套期保值的功能了呢?要去找数据上的差异啊,去找原因啊。为什么好好的股指期货到我们这,变成了这个样子呢?

平衡,是中华5000年文化的一个重要思想,去解决失衡的问题去啊。

4. 我能做的不多了,为这件事我的确倾尽了全力,到今天为止我也没有什么遗憾。但这件事我是不是对的,当时已经没有解了,所以我说让历史来证明对错。

历史好像跟我开了一个玩笑,股指期货的失衡问题,被另外一个更大的失衡问题,融资严重失衡于融券,加上伞形信托和场外配资,做多的杠杆严重失衡做空的杠杆,导致了2015年的大涨,掩盖了当时的股指期货的机构失衡。

2015年股灾的爆发，是杠杆的失衡，而之后股指期货不知道什么原因成交量严重被限，这种严重被限使得机构失衡的问题被弱化、被隐藏，并不是被解决。

未来也许有一天这件事会被遗忘，我把这一段写进书里，希望股指期货重新放开的时候，要重视"平衡"这两个字。

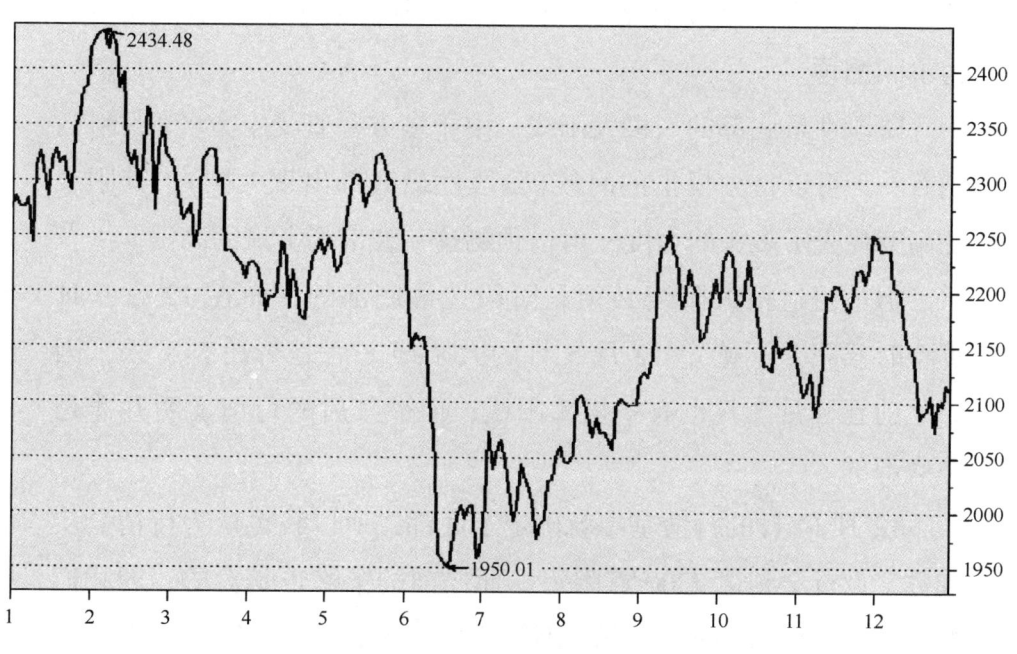

2013年上证指数日线收盘价

2013 年 1 月 6 日

我在行情上涨初期给了大家一个行情预期的值：2320 点，大家还记得吧，在 12 月 9 日周一操作策略里写的，绝没有事后诸葛。我用的方法是数字化定量分析的一种纯数字运行学，我叫它为单阳测顶。

阶段性最底部的一根大阳线，由于多方一直受空方的"压制"，当有一天可以奋力反击的时候(阶段性最底部出现大阳)，其阳线的高度代表了多头的力度，可以预测这一波市场上涨的高度。

但前提这根大阳线必须是阶段性最底部的，而在 12 月 9 日那个时候我并不确定 12 月 5 日的大阳线之后是否还有下跌，因为之前在 9 月 7 日也有一根大阳线，但被其后的行情证明并非是最底部的。

12 月 14 日的行情基本就确定了底部，所以我也认为行情会实现数字运行学到达 2300 点附近。而之前的策略也是对的，即我们在有可能出现阶段最底部的阳线都进行单阳测顶。但得出来的结果并不一定要马上用，先有一个概念，证明我们并非是事后诸葛。

单阳测顶的方法是：特征大阳线的收盘价格的平方，除以之前一个交易日收盘价格，再除以 0.9。大家可以自己计算 12 月 5 日的收盘价格的平方，除以 12 月 4 日的收盘价格，再除以 0.9，是不是得到跟我一样的数字：2320 点。

由于这个数字在 12 月初就能够得出来，所以是没有办法做到精确的，是一个大概数，目前行情最高到 2296 点已经接近 2300 点了，即空间上已经完成了单阳测顶形成的基础空间量级。

后配图(2013010601)

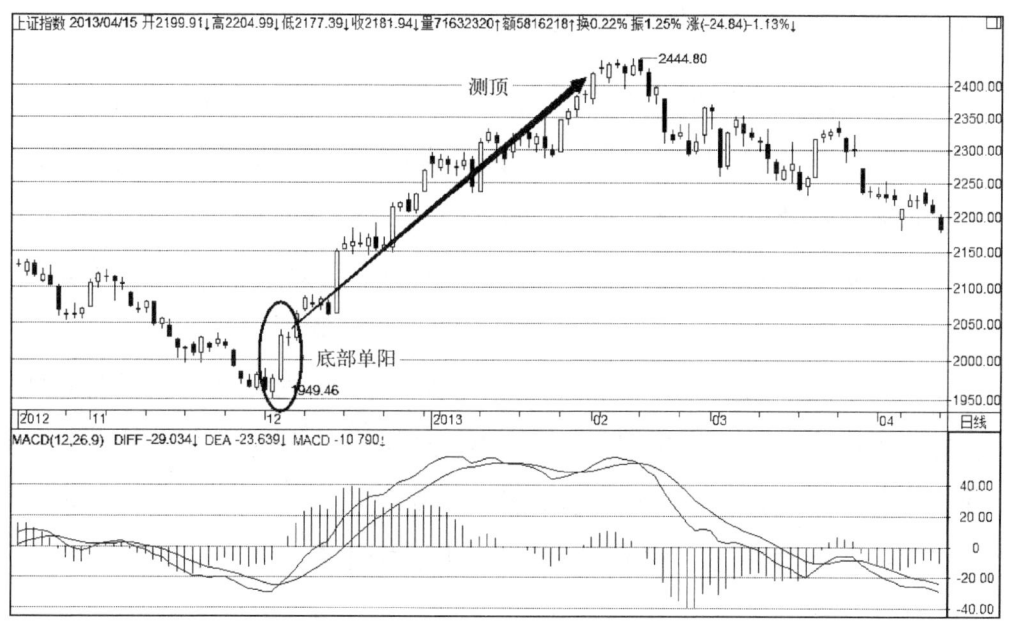

作者点评

单阳测顶是有哲学基础的，用中国传统文化解释可以理解为物极必反(空方一直占优，多方一直被压制)、厚积薄发(被压制的多方一旦爆发出来，形成底部单阳)、志在远方(量化多方的规模，测量未来的上涨空间)。

单阳测顶也是有局限性的，首先它只能得到一个大概的区域，无法做到精确；其次它只是空间定量，并不知道何时到达。一般来讲，实盘应用先是计算单阳测顶的位置，然后等到了这个位置，再看结构和时间的量化标准，主要以找转折点为主。

十年

2013年1月15日

经济搞上去，股市就上去了？过去几年已经证明这是瞎扯。股市搞上去，经济就上去了，我倒觉得靠谱，股市里赚的钱总比工资赚的钱花起来容易，让大部分人在大部分时间里能有的赚，这样的股市就是好股市，遇到下跌市场会自动修复，"慢牛"才是王道。

大家可以去看一下美国市场，2008年金融危机之后日线就是慢牛的走势，每天涨的都不多，但绝大部分时间都是在上涨，这样的走势才能让大部分投资者赚钱，对信心也是有很大的提升。一旦对股市有信心，即便遇到短期的大幅回落，抄底资金会自动修复下跌。

我们的股市刚好相反，在大部分时间里，行情是下跌的，大部分进入到市场里来的投资者，都备受折磨和打击，信心严重不足，导致一有上涨就想着怎么跑。前些天爆出的股票持仓数在下降就是这多年"慢熊"行情折磨的。

前证监会主席周正庆不止一次的说，慢牛的走势对于股市的重要性，这是有大智慧的。

写这段注解的时候，前证监会主席周正庆先生刚刚过世。我在本书里多次提到周正庆先生的慢牛思想，这个思想是有大智慧的。

慢牛行情有一个特征，让绝大多数的人在绝大多数的时间里轻松获利。这里面有三个要素：首先是绝大多数的人，在股市里就是指股民，让大多数股民赚钱；其次是大多数时间里，快牛虽然获利幅度快，但时间必不长久，慢牛慢而稳定，慢而踏实；第三是轻松获利，这些年给大家的感觉资本市场获利难度特别大，轻松获利才能使资本市场成为一个投资的好工具，而非赌场。

哦，对了，房价就是慢牛，这么多年一直在涨，绝大多数人在绝大多数的时间里轻松获利这三条完全符合。

 ## 2013年1月20日

我们这一届主力不行

周末参加新浪财经和股商联合主办的寻找2013年投资机会的活动，龚方雄先生说到QFII抄到了底，水皮先生也谈到了这件事。会场上引发了很大的讨论，我们为什么每次都让外资来抄底，难道管理层不知道肥水不流外人田的道理吗？

下午我提出了一个理想的状态，先别对外开放，别让外资在这么低的位置上进来，把大盘炒到6124点以上，甚至炒到1万点以上，然后再开放，最后"获利全中国，套牢全世界"。

我这观点很不错吧，但这只是一种理想。郭主席要开放十倍给QFII为代表的外资，并且在这一波给了外资很高的评价，你说我都能想到的，郭主席会想不到吗？但这是为什么？

我来给出答案，中国的主力，太孬、太怂、太不像话。

中国的主力，根本就没本事把行情炒上去，连跌几年，救市要求助外资，没办法。

中国的主力，只知道在股市和股指期货上抱团欺负个人投资者，窝里横。

中国的主力，在对外的金融战役上，无一胜率，从骨子里，就没那个胆，怕死洋人。

从中航油事件，到国际原油期权，到中国铝业、中国石化、中国平安收购海外资产全部巨亏。

如果中国的主力不是在经济大好的前提下，股市连跌了3年多，郭树清主席为什么让外资来抄我们的底？甚至会场上有专家说，郭主席拿"外资"当"亲兵"来用，因为我们自己的兵太不争气，所以我说，中国的主力，太怂、太孬、欺软怕硬。

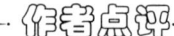

哀其股民不幸，怒其主力不争。

 2013年2月22日

龌龊主力排行榜

集合竞价9:15—9:20可申报、可撤单，9:20—9:25可申报不可撤单，主力用9:15竞价时候把价格推高，临近9:20再撤下来，散户追高的因为不懂规则，过了 9:20 撤不下来了。这是 9:16 我做的截图，现在只剩下两只临近涨停，其他都是龌龊的主力。之所以说他们龌龊，是因为大多数人骗不了，只能骗一些不懂规则的新人，但还是会有这么一大批的股票，龌龊到苍蝇腿也是肉。

深交所也不管管。

原配图(2013022201)

	代码	名称	涨幅%	现价
1	000031	中粮地产	10.11	—
2	000785	武汉中商	10.08	—
3	000014	沙河股份	10.04	—
4	300143	星河生物	10.04	—
5	300069	金利华电	10.03	—
6	002389	南洋科技	10.03	—
7	002003	伟星股份	10.03	—
8	300297	蓝盾股份	10.00	—
9	300281	金明精机	10.00	—
10	300269	联建光电	10.00	—
11	002420	毅昌股份	10.00	—
12	002418	康盛股份	10.00	—
13	000560	昆百大A	10.00	—
14	002033	丽江旅游	9.98	—
15	000981	银亿股份	9.98	—
16	002163	中航三鑫	9.98	—
17	300025	华星创业	9.97	—
18	002458	益生股份	9.91	—
19	002403	爱仕达	9.90	—
20	300141	和顺电气	9.83	—
21	300010	立思辰	9.82	—
22	300125	易世达	9.81	—
23	002665	首航节能	9.80	—
24	002141	蓉胜超微	9.68	—
25	300234	开尔新材	9.33	—
26	002416	爱施德	9.32	—

> **作者点评**
>
> 上一篇文章提到了据我所知的对外金融战，几乎全线溃败。看看外国人在研究什么，想想俄罗斯高频交易用几百万赚了我们 20 亿，再看看我们的主力每天干的这些龌龊事。
>
> 心中就会有一万只羊驼在奔腾。

2013 年 3 月 3 日

房地产国五条

周五晚上出台了房产调控国五条的细则，导致了这个周末成为了一个很不平常的周末，因为这个细则的某些条款，被评为十年来最"狠"招，又直接关系到民生，才引发了大面积的讨论，这对于金融市场也会有非常大的影响。

首先对于新政，我是持肯定态度的，当然网上已经骂声一片了，因为大家普遍感觉政策在犯低级错误，连中间费用由买方支付都不知道。但 20% 个税的政策，主要针对的是房价疯涨的"失控"局面，增加供给、打击投资性买房、官员财产公示、降低刚需交易费用，包括我说的搞好股市，增加资金分流渠道等，都是远水解不了近渴啊，目前的房价有失控的迹象，必须下"猛药"，而且这剂猛药，明显是冲着"失控"的状态去的，先控制下来，再进行调控。我对此进行了详细的评论，因为不属于股市范畴，所以我将发在长微博里。

房价是一个非常复杂的又关系到民生的话题，对资本市场也将是影响非常重大的。首先国家不希望房价出现大幅波动，这里面包括大幅上涨，更包括大幅下跌。其实抑制投资性买方的最好形式是，房价出现实质性的下跌。房子和股市在某些方面差不太多，都是买涨不买跌。正是因为房价一直在大幅而稳定的上涨，所以才导致越来越多的资金投资在房市里，而越来越多的资金又导致房市价格进一步上涨。这是一个良性循环，**价格上涨刺激资金流入，资金的流入又导致价格进一步上涨。不知道股市什么时候进入到这个良性循环，但投资回报率必须大幅超过房市的回报率，因为长时间给广大群众形成的印象太深：炒房子是正经事、炒股是不务正业**。这个过程肯定是一个漫长的过程。

抑制房价的过快增长，表面上房地产股票和银行股应该出现下跌，但实际上资金一旦在房地产市场发挥有限，那么在投资渠道非常有限的情况下，只要股市略为好转必然流到股市里。但什么样的股市才是最好的股市呢？这个我前期提出过一个最佳的理想的走势方案，就是如前证监会主席周正庆所说的"慢牛"，大部分时间是上涨的，但要慢慢涨。当然，我们都希望越快上涨越好，可是大家想过没有，涨的快就不会出现大部分时间是上涨的，只有慢慢涨，才能涨的久，只有涨的久，才会出现广大投资者赚钱相对容易的局面。

拿1949点以来的第一波来讲，涨速很快却赚的并不容易，只有第一个阶段1949点至2200点的这个阶段是普涨，即普遍上

十年

涨，什么股都涨，但那个时候市场的信心几乎跌到了冰点，大家都不买股票，即有机会的时候参与的人太少，这样没有财富效应。

之后呢，出现了50万户的减仓，再之后呢，继续大幅上升到2444点，但从2200点到2444点的后半段，是银行股的这种强势股在领涨，即已经不是普涨了，其他的股票不涨甚至出现了小幅下跌。这个阶段对于大众投资者来讲，仍没有广泛的财富效应。

作者点评

本文再次提到了周老的慢牛思想，这个思想它的影响是深远的。

加重的这段话其实就是说慢牛的好处，如果股市慢牛，炒股就是投资，就是正经事了，但人的记忆是遵循遗忘规律的，短时间内是很难改变这种现象，所以我说这是一个漫长的过程。

你不仅要有回报，而且要大于楼市的回报，因为同样的回报率，楼市的印象分太高，资金很难从楼市流入股市，没有资金的持续流入，股市又很难形成稳定的回报率。

我认为未来会有一天人们会改变对股市的看法，但绝不会是在几年内了。看一个人需要几年，看股市也许需要的时间更长。

2013 年 3 月 17 日

再谈股指期货

再谈谈股指期货，因为**股指期货的杠杆交易、T+0 交易以及双向交易，这些特性都是代表了股指期货里面有巨大的利益博弈，最终谁拥有了股指期货的市场定价权，谁就主宰了利润以及整个股市的未来**。上周五股指期货一天波动近 200 个点（最低点到最高点涨 110 多点，最高点又回落 90 多点）。你做一手需要 11 万的资金，如果完全做正确，最大可以获利 200×300 = 60000，即一天的利润就高达 50% 多，所以股指期货的拼杀实际上已经进入到白热化。

股指期货里的操作人群主要分为三类：机构、幽灵、普通个人。我分别来说：

1. 普通个人。普通个人投资者，我认为能够长久生存下来的个人投资者，不会超过 5%，我是真心**希望对股指期货市场没有足够的风险认识和了解之前，不要进入股指期货市场**，前些天我也说过这件事，虽然在最底部，各路资金围杀个人股指期货投资者的那一局我们扳过来了，但一点都不代表个人投资者的风险在减少，他们太弱了，一点话语权都没有，而且人性的弱点将在股指期货里展现的淋漓尽致，只有"极少"的人会在股指期货市场里胜出，对于绝大多数人来讲，股指期货将是一条不归路。

2. 机构。机构在明，而且交易行为又有诸多限制，几个月前在我写的股指期货世纪之战里，就写了机构必败。我写文章的时候持仓单才3.5万左右，当时说持仓单会超过10万的时候，会展开世纪之战，1949点的那几天虽然指数低迷，但股指期货市场刚好过了10万张单，然后展开了一波700点的行情（目前还不是世纪之战的鼎盛时期）。机构在这一波当中非常的被动，他们有天生的缺陷，第一，方向被严格的限定为套期保值外，只能做空；第二，交易量被严重限制，自由性很差；第三，这些机构之间的跟随特性极强，不是抱团而是单纯的跟随。这些特性注定了在真正的战役中，处于绝对下风，尽管整体上来讲规模大，但没用。

3. 幽灵：幽灵在暗，股指期货里起到决定性作用的实际上是这笔主宰日间交易的资金，逐利本来就是资金的属性，本无可厚非。利润一旦进入到几十亿的时候，就已经没有了道德底线甚至没有人性。在底部虽然我发动了对空军的心理战，但实际上我给它们提了一个醒，机构上述的弱点非常明显，幽灵反手做多是可以赢机构的，个人投资者和整体股市不受伤害，我也不愿意管这破事。但我想到了一点，就是其操纵市场的本质并没有改变，因为只要机构还有诸多限制，那么就一定不是幽灵的对手，而背后更深层次是幽灵已经明白，他们开始已经掌握了市场的定价权，想做空就和机构一起空，会很容易；想做多，就反过身来杀机构，虽然难但也有胜算。

上次去中金所跟相关人员吃中午饭的时候，我谈到了个人交易的数量限制（持仓300手和1000手成交），会不是机构的对手，强弱反差很大，我建议他们如果不肯放开对机构的限制就放开对个人的限制。我对中金所其实没有任何的敌意，我一直是敬重他们的。上周中金所上调了个人持仓限制到600手，而且同时限制了机构单一方向结算会员10万手。这两条已经充分说明,中金所开始意识到套保的清一色做空会对行情有影响,开始进行适当的限制,并且增加对手的额度。

但中金所可能没有想到,幽灵部分其实是隐藏在个人投资者当中的,你相当于放大了幽灵部分的话语权而缩小了机构的能力,在本来就处于下风的机构,更是处于下风了。真正良性的市场的核心是在于"相互制衡"这四个字上,而对市场的限制越多,制衡能力就会越小。而且机构套保的方向和性质不变,幽灵会明白"做空容易做多难"的属性就不会变,股市就起不来,经济也会陷入困境。放开对机构交易方向的管制,可以用限制成交的数量来限制防范风险,这样两大主体力量之间才会形成相互的制衡。

我知道中金所一定会做出改变,但中金所面临的一大难题是:如何在没有出现风险之前提前意识到,并且进行防范。这是需要大智慧的,"9·11"恐怖袭击之前,没有对反恐认识的高度,也就是说有些风险是必然要经历的过程,有些错误也会是改革必然经历的过程。但我们仍希望中金所的领导们,能具有大智慧,因为**股指期货已经不再单纯是股指期货,它的成交额是上交所和深交所两市成交总额的3倍了,他决定了股市,影响着经济。**

---------------- 作者点评 ----------------

机构之间多空平衡,个人应该是缩小每个人的开仓手数,比方说每个人限制开仓50手,对于普通投资者来讲5手就够了,对于中大户50手也足够用,对于特大户50手是不够的,可以采取投资者适当性的审批制。

大量个体的50手,你都不用管他们,自然就会形成平衡。但如果不限制,放开到几千手,就要考虑失衡狼吃羊的问题了。

2013年3月31日

因为上周五是2013年第一季度的最后一个交易日,最后的几分钟有些股票异常拉起,这是区别于正常的波动的,用很大的一笔资金突然把股价上拉,波幅最大的一只股票一分钟被上拉了12%,这样的股票周一都将会低开。这样做的目的恐怕只有一个,让一季度业绩更亮丽。有人说这是送礼行情,事先约好了在某一个价格成交,我看不像。这是一笔巨款,这么多投资者都看着呢,也明目张胆了吧,但如果是自己一个账户和另一个账户输送利益,那么就是自买自卖的行为,但这同样会违反规定,至少我们应该清楚地知道,资金要比任何消息和政策对股价甚至对指数的影响更重要。

周五尾盘下跌的多是地产股票,主要的原因是怕这个周末密集出台的一些国五条地方细则,昨天包括北京的在内地方国五条政策正式出台,但并没有比市场预期更严重,这样的消息不会对地产板块产生更加恶劣的影响。周五尾盘下跌的地产股多是为了回避这个消息,但一旦靴子落地,他们却未必把卖掉的给买回来。

因为人的行为在一段时间里并不是具备一定的连续性,更多的人会随着最新的行情变化来调整交易计划。所以我说慢牛是资本市场的最佳走势，房地产市场这些年运行的就是慢牛，虽然涨的不多，但很稳定，每年都在涨而且有杠杆（银行贷款）。我们身边都会有一些朋友因为买房，而获得了明显的收益。再加上绝大多数人在绝大多数时间里投资房产都有的赚，这样的赚钱效应，加上投资的稳定性，使得社会上的财富和价值观迅速地集中到了房地产市场来了。

那么房地产市场会崩盘吗？我告诉大家，一定会的。就像有经济就会有经济危机一样，未来终有一天房地产市场会洗劫一次社会财富，导致一大部分人的毕生积蓄随泡沫一起爆裂。有人说那引发的问题太大，管理层是不会坐视不理的。但实际上管理层能做的事情不多，因为你越限制房价，越阻挡不住越来越多的人买房子，阻挡不住房价的上涨。将来一旦发生这个危机，你越是想让房地产市场恢复元气，大家越未必愿意进入到这个市场里来，跟现在股市一样，信心恢复是个缓慢的过程。

美国、日本、香港都爆发了房产崩盘，前些天万科王石也表达了对房产泡沫的担忧，关键是到底在什么时间崩盘？假如这个上升是20年的，那么我们只要投资在上升阶段里就会有收益，到目前为止北京4环的房价都每平米5万了，我们都不能说投资房地产的是不靠谱的，因为你不确定未来什么时候崩盘。我们可以确定的是，只要房价在涨，大部分人就不会因为获利丰厚而获利出局，他们逃不掉，就像股市一样，他们有那么多相似的地方。

把股市搞上去的方法其实很简单，就像房地产市场一样，创造慢牛行情，**上涨会治愈一切问题。**

作者点评

房地产市场会崩盘吗?一定会的。我打个比方,如果连续涨了20年,然后崩盘了,然后再涨20年,再次崩盘了。你能从中看出什么?

1. 如果你一直持有,总体来讲是收益的。

2. 如果你高位追进去,然后特别不幸,赶上崩盘,我认为你的悲伤不是孤独的。

3. 在泡沫形成的过程中,大部分时间是快乐的,你应该拥抱泡沫,而非怕泡沫因噎废食。

4. 如果你有大智慧,能在享受泡沫并在崩盘之前出清,你不用骄傲,因为你只是赶去参加下一次泡沫形成的过程。

2013年4月15日

空间定量

今天给大家做纯数字化定量分析之空间定量。

1. 单阴测底。

定义:阶段性最顶部的一根大阴线,其下跌力度代表了本轮行情下跌的深度。

特征:阶段性最顶部、大阴线。

根据特征取点:深成指 取2月18日;上证指数要取两个点,一个是阶段性最顶部的阴线2月18日,一个是较大阴线2月19日。

公式:$A = C \times C / C1 / 1.1$

其中,C是特征大阴线的收盘价格;C1是特征大阴线前一个交易日的收盘价格。

深成指2月18日单阴测底为:$9795 \times 9795 / 9989 / 1.1 = 8731$点,今天收盘8733点,深成指已经调整到位。

上证指数2月18日单阴测底为:$2421 \times 2421 / 2432 / 1.1 = 2190$点,取2月19日为$2382 \times 2382 / 2421 / 1.1 = 2130$点,综合一下为2160点。

2. 空间123求4。

$2232 \times 2344 / 2444 = 2140$点

综上所述,已经进入到空间筑底区域,随时筑底。

后配图(2013041501)

十 年

作者点评

空间的定量两种方法都指向了同一个位置,这个位置的可靠性就会被增强,注意我写这篇文章的时间是2013年的4月15日,如图可见空间定量的有效性。

2013年5月1日

股市上涨为经济转型赢得时间

如果你问我对中国经济乐观吗,说心里话,我对中国经济一点都不乐观,尤其是现在,各地方政府似乎找不到除了房地产以外的经济增长和拉动点,这就好比我们在一条腿走路,如果房地产出现危机,我们的经济何以为继?

首先有人可能会质疑,房地产怎么会出现危机呢?我可以告诉大家,房地产必然会出现危机,任何一个资本形成的市场,都逃不脱市场的本质,没有危机或崩盘的市场,就不算是一个真正的市场。而当全民炒房的意识深入人心的时候,这种风险在逐渐地加大。国五条极大地抑制了买卖的热情,这其实是一个重要的信号,只要一直涨,社会资本就会一直热衷于房地产,原因很简单,就是因为市场在涨。

而国五条,让上涨的势头迅速降温,也许还没有开始出现下跌，目前只是"滞涨"的阶段，或者说部分城市已经出现了房价下跌(温州)，所以防范房价出现全面下跌要比防范房价出现快速上涨还要重要，因为防涨的本身也是在防跌，那是一种泡沫爆裂式的破坏性下跌。也许根本不需要破坏性的下跌，只要一般式的下跌，就会改变资本的格局，进而引发房地产市场的危机。所以我说房地产的危机是必然的，不要过分的透支购买能力去买房，社会的财富观或价值观最终会害了很多人。

其次有人会认为，我们可以去寻找新的经济增长点，但依靠的是什么呢？是制造业还是消费？制造业虽然发达，那是建立在劳动力成本较低的中国制造的前提下的，随着经济的快速增长，制造业的劳动力成本在逐渐抬高，中国制造的优势在下降。另外，前些天一个采访，95%的美国人叫不出一个中国品牌的名字，我们的制造业没有核心竞争力。

好像就还只有一个救命稻草了，那就是消费。

正是因为如此，我才不看好中国经济，但看好中国的股市。因为股市的上升会导致消费能力的上升，股市里赚的钱和工资赚的钱消费能力根本就不可同日而语，这一点美国人早懂了，发货币、导致股市购买力上升，导致股市上涨，导致消费增长，我们早晚有一天也会懂。所以必须要盘活"股市"这盘棋。

事实上 M2 广义货币的增长并不低，但资本就是流不进股市，而是流进了房市，这直接导致了房产价格的上升和消费能力的明显下降(从 14% 降到了 10% 左右)，这就回到了上面说的这些年的经济增长的核心就是靠房地产带动的话题，而资本的属性是逐利，不管是什么市场，只要上涨有赚钱效应资本就会进来。"资本只会锦上添花，并不会雪中送炭"。所以股市和楼市就变成了，一面越来越热，另一面却越来越冷。

　　股市成为与经济极不相符的原因有很多，假日期间，我看了著名的财经评论员水皮的一篇文章：A股的三大中国特色，里面说得很有深度，大家也可以看一下。

　　这些问题是真实存在的，但解决起这些问题来是需要一个漫长而复杂的过程。如果我们等把这些问题都解决了股市再涨，再刺激消费，拉动经济，恐怕已经来不及了。我们过去出现了很多的错误，本来有充足的时间去解决它们，现在最需要的就是时间（房市危机爆发之前）。

　　股市与经济极不相符的原因虽然众多，但我们必须找到最主要的原因，那就是资本不流入。其他股市的原因，比方说圈钱、不分红、业绩造假和水皮所说的中国特色，2006年和2007年也有，但那时候股市也涨啊。所以上面我说的，资本是会锦上添花的，但绝不会雪中送炭。解决股市不涨的问题根本是要帮助股市进入到上涨环境里，上涨会为经济转型赢得时间。这句话很难理解吧，在股市里最难理解的是：这个股市是可以被理解的。

　　那么怎样才能帮助股市进入到上涨环境里呢？最有效的方法就是让股指期货涨上去。股指期货对股市的带领作用非常明显，它已经不是某个阶段的带领，某个局部的带领，而是全盘带领，这一点我早就说过。所有不信的人可以同时打开两个市场的分时线，你自己去观察我说的是不是事实。

　　遗憾的是，股指期货自推出以来，一直就在下跌，这也是事实，所以股市也在跟随股指期货下跌。股市下跌的根本原因是股指期货，解决了股指期货为什么跌，就解决了股市为什么跌。这很简单和直接。

而股指期货下跌的根本原因就是因为一个制度：机构(特殊法人)交易股指期货，必须进行套期保值，我们不去深入研究套保的过程和成因了吧，我们只需要看到两个事实即可：第一，套期保值在地球上任何一个国家都是一种市场行为，为什么偏偏在我们国家成为了一种制度？第二，在这种制度的强制力下，机构交易股指期货全部都在做空，注意我的形容词，是全部都在做空(机构套保多空比例，不是4比6、不是3比7，不是2比8，也不是1比9，甚至不是1比19，而是几乎全部都在做空哦)。

作为交易主体的机构，如果全部都在做空，我们就不难理解为什么这个市场大多数时间都是下跌的了，因为股指期货的交易主体在做空，导致下跌容易上涨难。而强制制度甚至根本不存在它本身应该存在的原因，因为如果要防范机构交易量过大影响股指期货市场，你可以控制其交易的数量(额度)，而不是交易性质(间接控制了交易方向)。所以我们在为一个完全没有必要的期指制度买单，这不是一件很可笑的事情吗？

一面越来越热，另一面却越来越冷，这并不单纯是指楼市和股市，还指现在的股指期货和股市。股指期货的成交额成为了股市两市总额的300%左右，而且这个值还在一直增加，不要觉得这个现象是个好现象。前些天我说"股市半死期指有毒"，就是对这个现象演变的担忧。因为如果股市从投资的市场变成一个投机的市场，连我都想不出来我们为什么不选择交易更为活跃、获利概率更大(双向)、波动更为频繁(双向)的股指期货。

长久下去，股市就不是半死了，而是全死，用消费来带动经济就不存在了。

所以，经济增涨的新动力在于消费（长期的储蓄观和高房价，使得我们有相当大的消费潜力），拉动消费的动力在于股市上涨，股市上涨的动力在于股指期货上涨，股指期货上涨的动力在于取消股指期货机构套保的不合理，且只有中国才有的政策，而取消这政策的动力在于，相关部门不再在意那可怕的面子。

如果改革开放的突破口在深圳蛇口的话，那么经济转型的突破口就是消除这个完全没有存在的理由，也从来没有被任何一个国家作为制度的制度——机构必须套期保值。

作者点评

后来机构交易股指期的官方多空数据是1∶49。虽然相关部门也做了很多努力和尝试，包括特殊法人机构不是必须套期保值了，好像最好的时候机构的多空数据是1∶7，从数据来看解决多空失衡的问题是个长期过程。

再后来2015年股灾，股指期货大幅被限，成交量和成交额同比下降了95%左右，受限后的股指期货对股市的影响在削弱。所以我觉得多空失衡的问题，可能会被搁置。

2013年5月5日

牛长熊短的上升和熊长牛短的上升

很多消息说肖主席的资本市场中国梦的首秀,引发了周五的上涨,我倒是没有觉得这种感觉非常强烈,很多人都喜欢在上涨之后寻找上涨的原因,这也客观地激发了媒体的刊登,类似于"导致市场大涨(或大跌)的 X 大因素"这样的话题,几乎每个大阳线和大阴线都有。

这让我想起了巴菲特在周末的讲话,他即不靠业绩数据来进行投资,也劝投资者,别相信经济学家的(具体请参见巴菲特股东大会实录)。巴菲特是在这个市场上最成功的投资者,我并不知道会不会有后来者,但前无古人是真的。这应该促使我们去学习和研究巴菲特的知识体系和对市场的认识与思考。

巴菲特已经是风烛残年的老人,我相信他说的话是真实的。这远比我们去深入研究三大理论(道氏理论、波浪理论和江恩理论)要实在的多。我并没有贬低三大理论的意思,但有一点这三个理论的创始人,并没有在这个市场应用相关理论获得成功。道琼斯是两个人,查尔斯·道和爱德华·琼斯,他们本身并没有发明道氏理论,而是后人总结他们的思路和方法形成的道氏理论。所以道氏理论都谈不上实战应用。

江恩的后人也说,江恩并没有留下很多的财富。而波浪理论的创始人艾略特先生，也并没有将波浪理论用于实战，只是在病床上"空想"出来的体系。其实我并不明白为什么中国的投资者会把这三大理论奉若神明，我认同他们是经典，存在并且被大家认可必有其过人之处，我们需要了解。但也许实战价值，并没有巴菲特和索罗斯所说的和所谈的效果更好。

尤其是他们俩近年来所说的话，我认为那是真实的，他们已经垂暮之年，我们能在他们讲话的语气和神态当中，判断他们的话是很真诚的，至少他们都看好中国资本市场的未来。

当然我也看好，不是一点点看好，而是非常看好，如果让我列举一些重要的、重大的买入机会，这里会是跟998点和1664点一样的重要低点之一。也许很多人并不认可也并不看好，嗯，这也正常，历届重要的大低点都会是这样，都看好才不正常。

中国股市的问题很多，但上涨会解决一切的问题，所以我才说：股市不涨的最直接的原因就是因为股市不涨。股指期货的套保问题很大，但终究也阻挡不住A股的大周期筑底，只不过上涨的形式，可能会区别于以往我们通常意义上理解的牛市，那种理想的牛长熊短的慢牛状态，如图1；而是熊长牛短的整体式上升，如图2。这种熊长牛短的走势，即便大的方向仍是上涨的，但信心恢复是个漫长的过程。因为其不能让股市成为让"绝大多数投资者在绝大多数的时间里能够轻松赚钱"，也就是说我们的牛市会比较纠结，比较困难。

原配图(2013050501)

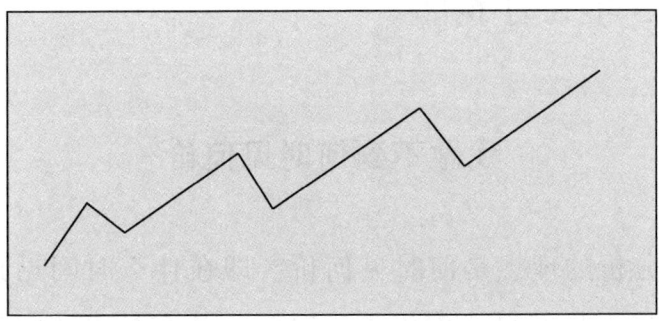

原配图(2013050502)

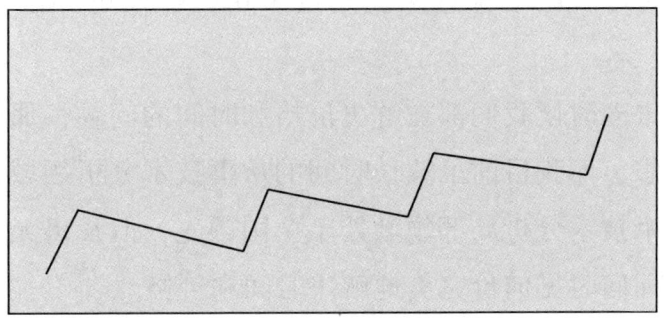

------ 作者点评 ------

虽然都是上升,牛长熊短的上升是比较健康的,绝大多数的人在绝大多数的时间里能轻松获利。而熊长牛短的上升,方向上是上升的,可是获利的难度很大,获利的时间也是少数。

2013年5月6日

我做不到何时见何价

技术分析的理想是何时见何价，即在什么时间见到什么样的价格，如果我们只谈价格不谈时间，其实是不够完整的。比方说，我说上证指数会涨到1万点，但我没说什么时间会涨到1万点，这句话从本身意义的角度来讲，你没有办法否定我是错误的。

所以很多时候我们都在解决价格和时间的问题，那就是技术分析的理想，而我目前虽然长时间的从事技术分析领域，并且自认为在某个技术分析局部领域处于全国领先，但我仍无法达到这种高度，即何时见何价完美地解决时间和价格。

但我会在特定的环境解决时间或价格，即单一地解决空间或单一地解决时间问题。

---- 作者点评 ----

我多次很坦诚地说，我做不到何时见何价，至今无法做到。

我能在特定的环境做到何时或何价。

何时或何价与何时见何价差得很远，虽然我相信也许世界上或中国有何时见何价的高手，但我二十年的交易生涯里没有见过这样的人。

没见过你为什么相信有呢？因为我们对这个世界的认知是渺小的，也因为它是我们追求的一种理想境界。

2013 年 5 月 9 日

请教中证期货总经理

首先声明，我对张先生之前并不认识，只是看到了他写的这篇文章之后，才想有些股指期货的事情向其请教，还望张总不吝赐教。

还请大家先看一遍张先生的全部文章，以避免我用以偏概全的方式与他探讨股指期货这件事，对他比较公平。我本人对张先生也并无敌意，真理越辩越清，以帮助广大投资者更加明白股指期货以及其和股市的关系。（另希望广大网友看完文章之后不要对任何人进行谩骂或攻击，就事论事、有理说理，每个人看问题的角度不同而已。）

他的文章如下：股指期货引领股市进入对冲时代
http://finance.sina.com.cn/money/gzqh/20130506/091215357535.shtml

大家看完整篇文章之后，我对张先生所写有以下疑问。

1. 股指期货受质疑是否"中国特色"，这点我是赞同的，张先生说的是对的，美国财长为主的总统工作小组都曾质疑过股指期货，各个国家也都质疑过股指期货，这不是中国特色。请问，全球有哪个国家规定特殊法人机构交易股指期货"必须"进行套期保值？这条政策是不是"中国特色"呢？总统工作小组都曾质疑过，你对这必须套保的期指政策是否质疑过呢？

2. 能否以股民盈亏作为股指期货的评价标准。这里面我还是有不同意见，其一股指期货的基本功能是为机构和上市公司对冲持股风险，请问这是什么地方说的？如果只是这样，就不应该让个人投资者进来当炮灰。据我所知，股指期货的基本功能有两个：套期保值和价值发现，请问对吗？股市长时间低迷，我们股指期货的"价值发现"功能哪里去了？其二很多人不了解股指期货，出现大盘暴跌和巨亏，外加做空获利就"误解"股指期货，你不认为这是投资者的正常反应吗？警察办案都很重动机，股市大跌空头能获利，有做空动机怀疑一下不正常吗？我觉得不要认为投资者对股指期货是外行所以他们就不对，作为一个期货公司老总，你应该寻找机构清一色做空的原因，把它提交给中金所和国务院，纠正不合理制度，"让股指期货带领股市上涨"不就自然会击溃了对股指期货的误解了吗，你也算为股指期货尽了一些力量，而不是去指责大众的无知。

3. 感谢你给了一些我非常想知道的数据，我和很多媒体问了中金所N多次了，中金所坚决闭口不谈。机构套保金额200个亿，占总额的35%（我的天，200多个亿，比我想的多太多了，这是我首次知道这一数据，谢谢张总让大众有部分知情权，而且告诉大家个坏消息，拿他们中证期货为例，现在距离鼎盛做空时期的空单差了6000手45%左右，200亿绝不是机构的全部做空能力），可是你忘了最关键的多空比例，套保多头是多少，套保空头是多少。我判断多空比例是1：99（我也希望有官方的数据，但没有），甚至更低，你赞同吗？正好中金所不肯说，你告诉我们吧，你知道总规模怎么会不知道这个比例呢？如果如我说的99%都是做空的，那么我可以管套保金额200个亿，叫它为做空金额200个亿吗？占总额35%，可以吗？股票占5%，都需要举牌，那么占比35%这么大的做空份额，你作为资深人士请判断一下会不会对股指期货的涨跌构成影响？广大投资者是否该有套保多空具体数值的知情权，请问你，这个小小要求合理吗？

4. 关于股指期货导致股市跌幅有效减缓，这个我绝不相信是你本人所写，因为我不认为作为一个资深的业内人士会说出这样的话。不知道我的理解是否有误：你这段有两个意思：①没有股指期货股市会跌得更深；②对比2008年，跌幅有明显减缓。亲，你是怎么知道没有股指期货，股市一定会跌得更深？1990年到2012年，股市一共经历了22年，偏偏找2008年这一年作为对比，你是怎么想的呢？你认为这么对比出来的数据谁会相信呢？

5. 股价波动明显降低，这个我也承认，请问首先你觉得股指期货是直接原因吗？其次你觉得这是好现象吗？因为股指期货机构都在做空导致大部分时间都是下跌的，股市的活跃度才会下降，真正的原因是下跌，而不是股指期货。指数长时间在底下趴着，股市已经低迷到连"基本弹性"都没有了，没妈的孩子，只剩下"跌"了，这是好事？

6. 早开晚收对股市形成"开盘上引""收盘上拉"形成正能量。对不起，我每天都盯在盘面上，真心没看到你说的开盘上引和盘上拉的正能量，广大投资者你们看到了吗？

7. "升水"力挺市场信心，这是课本上写的，课本是学院派写的，你是学院派的吧。75%以上是升水，可是下跌的时间多于75%吧，市场信心在哪儿呢？你有没有看见升水的股指期货跌，股市这边就是不跌的情况？这两点已经充分证明，升水力挺股市，纯属瞎扯。

8. 支持蓝筹股稳股价抗操纵，对不起，你说的蓝筹股操纵市场已经过时了，你OUT了，现在没有任何一支股票能超过股指期货对市场的带领作用。大盘现在已经完全听从股指期货的走势，谁要是不服就同时打开两个电脑，对比一下股指期货和股市现货盘中的走势，这种带领已经不是局部或某个时段，而是全盘带领，全给弄服不可。而我才不在乎股指期货带领股市，我在乎的是为什么它总"向下"带领。所以我才说，解决了股指期货为什么跌，就解决了股市为什么跌。纠正了股指期货必须套保制度，也许股指期货会反而成为股市上涨的最主要动力，要不是有这个把握，我这么低调的人，为什么公开赌其会导致股市大涨。

9. 多数机构期货空仓仅为其持股市值的10%~20%，持仓前五名亦不超过60%，套保后期现两市净头寸仍为多头。请问你是不是间接地承认了机构都是空仓？你用股市和股指期货两个市场进行对比有意义吗？股指期货单一市场的多空比例是不是一边倒的倾向于空头？对股指期货单一市场走势会不会产生影响？重点中的重点是，股市跟着股指期货走，并不是股指期货跟着股市走。

10. 怎样让中小投资者分享股指期货的红利，很简单，现阶段机构都在做空，中小投资者就是你们的对手盘，你们拿把刀，也割自己点肉，他们就能分点利，不能一边下黑手做空拿刀割对手，一边喊让对手盘分利，这不道德。

另外我还有几个问题向你请教一下：

1. 中证期货作为股指期货的空军司令，你作为中证期货的老总，发表这样的文章是否对做空有一定的偏爱和偏袒？

2. 中信证券（中证期货的母公司）2011年里做空盈利20个亿，各大机构套保盈利100亿左右，你作为期货公司不去分析一下这100个亿的利润都来自于谁？机构和个人投资者首次被放在对立面，赚机构的钱强强对抗算本事，赚小散的钱倚强凌弱算什么？你认为鼎盛时期中证期货出现的13000手净空单，需要多少个人投资者做多才能对等？另外，一个机构做10000手空，和10000个人每人做一手多，即便它们对等了，多空强弱能平衡吗？

3. 我并不反对股指期货，亦不反对机构进行套期保值，我反对必须进行套期保值的这制度。套期保值是一种市场行为，从来都不是一个制度，怎么到了我们这就是制度了？如果不是行政干预必须套期保值，而是让机构自由地选择多空，机构还会这么齐刷刷地做空吗？让机构自由地选择多空，会妨碍机构进行套期保值吗？让机构自由选择多空，机构之间形成博弈，这难道不比机构博弈个人更公平合理吗？

4. 机构说，因为市场下跌，我们为了保值，才需要在股指期货做空。你是否思考过，机构都在做空，引发股指期货下跌，才带领或导致了股市下跌的逻辑呢？你是否思考过，机构都在做空，股指期货多空强弱立现，有人会借机日间交易中大肆做空投机盈利呢？你是否思考过，就是你这样的位高权重的资深人士极力掩饰机构必须套保的不合理性，才使得这个不合理的制度，迟迟得不到管理层的纠正呢？我们是不是必须用惨痛的代价才能换取制度的彻底否定？过去3年的代价还不够惨痛吗？

本文就事论事，如有不敬之处，还请张总你谅解，也欢迎你对我提出的这些观点进行反驳和批评。

> **作者点评**
>
> 对于股指期货这件事开始进入有意思的阶段，每隔一段时间就会在类官方媒体上出现一些文章，然后我就对这篇文章里的逻辑问题提出质疑，然后就再出新的文章，然后我就再针对新的文章提出质疑。
>
> 再然后我发现，有些我想要的数据就出来了，所有我想要的数据，貌似都是这些文章为了证明一些事情披露的，而数据披露得越多，其他事情的逻辑问题就越多。

2013 年 5 月 26 日

他山之石

从"327"国债事件说起，这是国债期货中国第一只金融期货产品，到目前为止，没有任何一件事能够超越这件事对金融市场的震撼程度。如果你不了解"327"国债，那么你就 OUT 了哦。我建议大家都去了解一下这个事情，然后我再对上述所说的进行详细分析。

百度百科："327"国债事件 。

如果大家通篇看完之后，我们来分析"327"国债事件里出现的几个要素，以及和现在的股指期货的相关性。

1. 市场传闻使得多空双方出现了实质性的对垒。起因是证券界教父万国总裁管金生认为：宏观调控三年的三大目标第一条就是治理居高不下的通货膨胀，因此没有可能再提高保值贴补率，财政部也没有必要为此多支付10多亿元的利息，使财政更加吃力。"327"国债的保值贴息率不可能上调，即使不下降，也应维持在8%的水平。按照这一计算，"327"国债将以132元的价格兑付。此时市场传闻财政部又将提高保值贴补率，"327"国债将会以148元兑付，当市价在147~148元波动的时候，万国联合辽国发，成为了市场空头主力。管金生的观点代表了当时一批券商的看法，因此他们把宝都押在做空上。对手盘是隶属于财政部的"中经开"，多空双方的实质性对垒是这个事件的真正原因，由于在148元附近形成的大幅建仓，使得多空双方都没有了退路，每涨跌1元，都是十几个亿的盈亏。

2. 1995年2月23日当天，财政部公布国债利率，传闻证实。中经开借利好上攻，辽国发违规交易试图压低价格未果（我分析多头中经开此时也违规交易了），辽国发放弃做空联盟，反手做多。行情1分钟涨2元，10分钟涨了3.77元，万国陷入极为被动的境地。

3. 万国孤注一掷，在最后8分钟用1400亿相当于1994年30%的国民生产总值的金额违规交易，万国反败为胜，多头损失惨重，但夜里11点上交所宣布最后8分钟成交无效，万国损失惨重，管金生被判入狱17年，后被申银合并，即现在的申银万国。上交所监管失察，总经理尉文渊下课。

那么这个事件跟现在的股指期货有还什么相似性呢？

1. 国债期货跟股指期货都属于金融期货，而且都出现了股票交易低迷，而期货品种交易火爆。国债期货和股指期货都带杠杆，在杠杆的带领下市场波动巨大。

2. 多空双方出现了实质性对垒，"327"国债是在148元附近，股指期货隔夜仓和成交量都创出了历史新高，尤其是上周四，多头合约"首次"在单一席位超过12000手，隔夜持仓量达到历史最高的13万手(所有合约)，股指期货每涨跌1%，代表多空双方10个亿的盈亏，跟国债当年的惨烈程度相当，多空双方都已经没有退路，大战在即。

3. 空方的尚方宝剑是机构套保制度，但他们内部心并不齐，而且问题很大，低位做空缺乏最起码的信念，辽国发做空反水可以看出，未来机构自营盘中间出现反水将是必然。之前我的思路不对，在机构拥护的前提下，我们再怎么呼吁机构必须套保制度的不合理性都没用，因为高层会去问相关人士，而机构刚好是相关人士的代表。相反，上涨会倒逼机构主动要求中金所制度明确，这个制度跟327的政策效果是一样的，对市场影响是巨大的。

4. 券商自营盘一旦出现做多的情况，就会开创自营盘是否必须套保的先例(证监会2012年11月17日文件自营是可以自由交易股指期货的，但中金所一直没有对此进行明确)，将极大地改变多空的强弱，促使股指期货上涨，带动股市上涨。即便股指期货的多空对垒形成势均力敌的局面，最终获胜的还将是多头，原因是期货进入到白热化争夺之后，势必会进入到现货领域，现货做空的数量有限(股票有数)，而做多的资金无限(资金无数)，多方将胜利(参考1998年香港恒生指数保卫战)，股市还将上涨。

5. 这个道理各个方面终究会想明白的，届时市场就会大涨，我虽不知道具体的时间，但这一天一定会来临，即由股指期货带领股市展开的大行情，未来是会必然经历的一个过程。所以我一直并不反对股指期货，而是反对机构必须套保的政策，它先是将普通投资者陷入惨境，后（近期不断成倍开放投机持仓额度跟套保形成相对制衡）也必将陷机构于惨境。如果机构也不拥护，机构必须套保制度将没有任何拥护者。得出结论：下跌，触犯众怒，套保制度会被大众推知风口浪尖。上升，机构损失惨重，套保制度会失去唯一拥护者，也将消亡。只不过就在这个时段，是最痛苦的阶段。

作者点评

"327"国债是一件非常经典的案例，大家要"深入"了解一下整个过程，我认为完全可以拍一部大片了。

2013年6月2日

超跌股表现数据分析

第一波行情，我是坚持强烈建议做超跌股的。虽然市场走出了银行股、环保股等热点板块，但实际上，我在牛市初期阶段并不提倡追涨。从操作的领域来分析，我们也无法提前预知哪个板块比较热。所以那个时候，我一直建议第一波就做超跌股，简单而明确。

　　任何分析方法，都是基于统计学的概率优势。其他板块的上涨情况，很难提前预知，但对超跌股，在牛市初期我还是有一定把握的。

　　首先超跌股有哲学基础，它符合乒乓球落地原理，在越高的位置上落下来，反弹的力度就越大，但它操作是有限制的，即它只适合做第一个阶段的上升，即牛市初期。

　　其次超跌股有统计学的概率优势。1664点时超跌股的平均涨幅是大盘的400%，2319点时是200%，1949点的表现呢？后面有详细统计。

　　第三超跌股具备心理优势，因为超跌股都是价格出现大幅下跌的，入场成本要比这只股票平均成本95%还低，这种心理优势不是一般能比。

　　当然超跌股做起来也不是一帆风顺，你会遇到对业绩的怀疑、对上涨的质疑、对调整的无奈等等客观因素，现在超跌股开始陆续到达止盈位，很多人觉得这是一种运气，因为超跌股多是小盘股，中小板和创业板大涨，超跌股走运而已。其实不然，学员区一开始也怀疑这些没什么交易量的超跌股是否可行，而针对牛市初期的第一波行情而言，我觉得没什么股比超跌股更靠谱，也就是说即便中小板和创业板不大涨，这些超跌股我也是有足够的信心跑赢大盘。

　　由学员区根据我课上讲的超跌选股，大家自发进行的超跌股的选股股票池，绝大多数个股表现优异，明显强于大盘。但当这大多数超跌股表现优异的同时，也代表超跌股的操作成功告一段落，我想这对于学员来说是一场很特别的实战经历。从下周开始我们将不再研究超跌股（暂没到止盈的可继续持股），新股票池将围绕强势股来建立。

熊市求生存，牛市求发展。已经习惯了做超跌股的学员，要注意转变思路。牛市要以发展为主，超跌股已经整体走出低位的时候，不再看谁买的更便宜，而是看谁涨的更快、赚的更多，所以要尽快正式把思路调整到强势股上来。

（大家可以自己区间统计一下2453点到1949点的跌幅统计，前十名的股票的平均涨幅和大盘对比一下）

大盘同期最大涨幅为1949到2444，或25.41%。

这个超跌股的前十名为：

1. 300238　最大涨幅为90.18%；
2. 300239　最大涨幅为97.66%；
3. 002289　最大涨幅为171.45%；
4. 300307　最大涨幅为51.55%；
5. 002601　最大涨幅为61.85%；
6. 600537　最大涨幅为81.01%；
7. 002073　最大涨幅为108.53%；
8. 600113　最大涨幅为76.49%；
9. 002296　最大涨幅为107.7%；
10. 600783　最大涨幅为88.92%。

电脑自动排序的哦，不是人工选的，前10只股票"平均"最大涨幅为：93.53%，超过大盘同期最大涨幅比例为93.53/25.41=368%，远远跑赢大盘。

> **作者点评**
>
> 超跌股在超跌结束后的第一波上升里，非常稳定地跑赢大盘，这也是每次遇到连续或大幅下跌后我都是主张做超跌股的主要原因。
>
> 什么是超跌股？就是大盘同期下跌的时候，超过大盘很多的股票为超跌股，因为大盘就是平均涨跌幅度，超过大盘很多就是超过平均涨跌幅度很多，也就超过大多数个股的跌幅。
>
> 如果在下跌的时候跌幅超过了大多数股票，那么上涨的时候涨幅超过大多数股票就会变得合理。

2013年6月3日

证券交易的三个层次

其实我一直很想写这样的一篇文章，来送给我的学员们。

投资是有专业属性的，很多投资者需要学习专业知识，也需要有人传道授业。我曾经把自己在这个市场的经历、经验、知识体系，设计成了一个很系统而且强大的课程体系，它一共六大部分，除了经典理论外，盘口、策略、选股、构建交易系统与数字化定量分析都是我独创的，它们代表了我对市场的全部理解和思考，我自信这套体系不输给目前市面上任何一套专业的系统理论。

人类文明流传至今，主要表现在三个方面，分别是艺术、科学和宗教，分别代表了现象、数学和哲学。证券投资，也是分为这三个层次的。

第一个层次是研究现象的，因为简单所以这个层次的人也最多，比方说研究指标、研究K线形态、研究成交量等等，你如果去翻看十多年前的证券图书，对比一下现在，你会发现它们没有本质的区别，不同的只是换个参数、或换个周期、或换一种不同的解释而已，而很多人尤其是初学者，却如获至宝。如果你只停留在这个阶段，你会发现你出现了一个现象，你进入了"反复解释"的阶段：时准时不准、时对时错、时而怀疑时而相信。

如果你目前还停留在这个层次，你很难在交易里有所成就和稳定的回报，这一点我是深有感触的。但现象领域的这种困惑是在你学习之后在实战中才能了解的，也就是说你必须要经历这样的一个过程，这是宿命。当你真正的意识到问题所在的时候，你需要弄清楚这些现象背后的成因，这时你才真正地进入了金融市场的正确之门，你学会了思考。

你不会再盲目崇拜某种方法或盲目相信某个人，因为绝大多数研究现象领域的，他们本身都不知道原因，有的并不真实用来交易而只是用来说说，对了就反复拿出来说，错了就只字不提，自吹自擂，牛皮没边，那不是技术，是一种骗术。

现象其实是研究一种统计学的概率优势，当然统计学也是一种科学。换句话讲，科学在本质上只研究两个事情：数与次序。

我很早就把自己的整套体系，带入到数学领域，我讲的东西，开始向量化和数字引导或过渡。数字是上帝身体的语言，数字是最和谐的美。对于数的这部分理解，才能让你做到知其然也知其所以然，你会了解现象的成因，你会知道数字的力量以及在你分析中起到的决策作用。我的这套系统，目前依旧在用它来进行交易，它是经历过实战交易锤炼出来的。

这套系统并不难，稍微有点基础的投资者，如果用两三天时间"认认真真"地听一遍系统课，就会对市场有一个全面的了解与提升，关键在于如何在实盘当中灵活运用。以前我一直没有找到合适的讲解方法，在最近进行的新的课程尝试之后，我认为每天盘中的四个小时文字互动，加每天收盘后的最新行情，最新案例跟踪语音讲解，的确能够快速地提高实战应用。到目前我没有发现比这种效果更好的学习方式。

至于第三个层次，也就是哲学层面，是很难用语言来进行表达的，如果我硬塞给大家，效果肯定不好。在学员区，我会始终穿插哲学的部分进去，以"渗透"的方式植入哲学，一些老学员已经能明白我说的是什么，但这个领域我没有过多要求，能有十分之一的学员能够真正的懂了，我就满意。

作者点评

人类文明流传至今，主要表现在三个方面，分别是艺术、科学和宗教，分别代表了现象、数学和哲学。

我认为的交易是分为三个层次的。

1. 现象层面。研究各种指标，涨跌之后寻找各种涨跌的原因，这些都属于现象层面，我认为90%以上的个人投资者还停留在研究现象层面。

2. 数学层面。数学层面分为初级阶段、中级阶段和高级阶段。虽然我也是从研究现象入门的，但我会寻找现象背后的数学关系，并且将现象量化，量化的过程是初级阶段。中级阶段是可视化阶段，可视化也可以看做是为了解决量化的唯一值问题，这里不展开讨论，我2016年之后才进入到这个阶段。高级阶段是自动识别、自动学习、自动优化和自动交易。

3. 哲学层面。交易的最高层面，重剑无锋。我相信巴菲特、索罗斯、西蒙斯等都拥有了自己对交易的哲学层面的境界了，尤其是索罗斯对哲学非常推崇，对他影响最大的是哲学家波普尔，两本书是《开放社会及其敌人》和《科学发现的逻辑》，我都买了，但我实在看不懂，第一本要好一些。

我在想一个问题，既然是哲学，可能很多事情是相通的，我不一定要走索罗斯走过的路。我对交易相关的哲学有自己的理解和思考，但现在还不能奢谈哲学，但我知道它对交易的作用，虽然很难讲清楚。

我采用渗透式的学习，当一个交易哲学方面的学生。再将我所学，用渗透式的教学方法，当一个交易哲学方面的老师，或者是一个布道者。

十年

 2013年6月16日

数字化长线操作策略

这波下跌之处，最高点2334点那天中午我已经看到了市场处于高位，在那天中午的博文里也重点提示了大盘已经见60分钟高位（原因是上升通道线和顶部结构），随后的调整当时是不知道是什么级别的，只知道是要调整，暂定为4浪回调或2浪回调，以回调的性质判断只有这两种可能。期指七连阴的时候，我在临近收盘给了一个加重的5分钟低点，但当时我已经确定不是4浪回调了，级别小下降途中某小波的低点，但次日上午我基本就确定也不是2浪回调了，是某个阶段的主跌。之后呢，我的观点是急跌不抄底，直到现在。

这种短期的周X操作策略我其实已经写了几年了，但今天我要谈一下长期操作策略，因为我认为现在出现了一种历史赋予的长线机会。我用一种数字的方法向大家进行解释，因为数字的说服力很直观，先从一个刚看到的小小的数学题开始。

有兔子和鸡15只，共40条腿，问兔子和鸡各几只？算法：假设鸡和兔训练有素，吹一声哨，抬起一只脚，40−15=25。再吹哨，又抬起一只脚，25−15=10，这时鸡都一屁股坐地上了，兔子还两只脚立着。所以，兔子有10÷2=5只，鸡有15−5=10只。

有点意思吧，我们为什么要从数学开始，因为很多很复杂的结论其实用数学解释起来特别的简单有趣，而且还有说服力。

我们假设以股指期货来进行长线策略的数字化测试。

目前价格是 2395 点（IF1306），每波动一个点是 300 元，目前交易一手是 11 万。

测试 1：假设股指期货跌了 2395 点到 0，损失为 2395×300 = 718500 元。如果你用 11+71 = 82，即 828500 元做股指期货，止盈和止损同样是 2395 点的话，不考虑战争或外星人攻打地球等非系统因素，成功率为 100%，因为没可能跌到零，而上涨 2395 点，只是时间的问题。

测试 2：假设股指期货跌一半到 1248 点，损失也为一半 359300 元。如果你用 11+35 = 46，即 469300 元做股指期货，止盈还设在上涨 2395 点即一倍的话，即止盈是止损的 1 倍，那么只要成功率大于 33% 即可。

测试 3：测试 2 中我们得到的数字是 33%，即我们要研究大盘不跌到 1248 点的几率如果大于 33%，那么我们的策略就没问题。当然，我们考虑综合数据+历史行情测算+股票估值等因素，我认为大盘（上证指数）在这里再跌 50%，即跌到 1081 点的可能性不超过 10%，也就是说用 36 万的风险博弈 72 万的利润，不考虑时间因素，成功率可能会高于 90%。如果证券史有十次这样的机会，只要不爆仓在第一次，获利幅度为：（72×9−36）总利润/（36+11）投资成本 = 投资回报率 1302%。

上述分析的核心是上证指数不跌到 1081 点的概率高于 90%，这个机会是历史创造的，假如我们的市盈率和市净率的估值不是在历史最低位，现在不是连跌了 4 年，经济连年涨而股市连年跌，我们是不会有这样的机会的。所以我在文章刚开始说，本次资本市场的机会是历史性的。

利润分析：47万资金交易1手股指期货，长线做多，盈利到119万的成功率为90%。

风险分析：①风险控制小于47万的，越小成功率越低，因为爆仓之后无法新开仓；②时间因素，如果没有到达止盈位之前，出现意外不得不退出市场。

基于上述的数字化分析，其实我给大家的结论是，长期要坚定做多，死多，这个我是有九成的把握的。但我们首先要做到两点：第一风险控制能力强；第二尽量缩短时间因素。

第一风险控制，也就是我之前写的探寻股市下跌原因里《个人之殇》和《个人之路》中写的，做多没有错，但不要透支能力做多。第二尽量缩短时间因素，就是我现在正在做的，理论上行情不应该这样的，你们见过周线一浪上升1664到3478用了38周，而3478点至今的二浪回调用了4年吗？所以我才直指套保制度。

随便找任何100个股指期货的个人投资者，他们会形成清一色做多或做空吗？那么股指期货机构清一色做空，如果不是套保制度的问题，难道是什么。我周五在博客里做了调查，2万多投资者，都认为是套保制度造成了机构清一色做空问题。机构重仓做空之下，压的A股连基本的弹性都没有了，已经完全不知道怎么涨了，中金所和媒体别漠视这件事了，这会害了中国的资本市场。大问题出现在小制度上，我确定整个股市的问题就在这儿，绝不是什么IPO、大小非或者其他，我十分确定。

另奉劝股指期货的短线投资者，股指期货的手续费为：中金所万分之0.25，目前每天成交额在6000亿左右，理论上中金所每天的手续费收入至少为6000×2500＝1500万。如果中金所上市，我第一个买他的股票，一天进账1500万，上交所、深交所，你们望尘莫及吧。而期货公司的佣金基本在中金所的两倍左右，即3000万左右，那么每年手续费支出为：4500×21×12 = 113亿。

手续费金额即占全部持仓（按平均每天70000手算）的1/5左右，即不考虑增量资金入场，每年手续费吃掉入到股指期货市场的20%，外加机构做空最近几年每年都大幅盈利，最后我得出的结论是，个人投资者交易股指期货出现普遍性大面积亏损，短线交易股指期货的成功率和亏损率会更惨。

前几天有人测算中金所的手续费是香港恒生指数的近10倍，因为我不太了解他说的准不准确，但他说中金所的手续费在全世界也是高得吓人，中金所绝对是最赚钱的金融单位。（本人对于相关数据的测算也许也不够严谨，但绝不会差太多，欢迎中金所对机构清一色做空和期指手续费过高的问题，个人投资者大面积亏损问题，给予数字化的事实批评。）

我认为正确的交易策略是长期做多，不要频繁交易、单边像做股票那样做多，这是历史性机会，一旦行情出现了周线的上升，历史性机会将消失，这个机会只存在于现在这个阶段。

作者点评

对我来讲，判断当下要发生什么比判断当天要容易，判断当天要发生什么比判断下一天容易，判断下一天要发生什么比判断下一周容易，判断下一周要发生什么比判断下一年容易。

因为现在对未来的影响是呈递减关系的，人的记忆遵循遗忘规律。

十年

2013年6月25日

一张图

原配图(2013062501)

——— 作者点评 ———

2013年6月25日,这一天形成了上证指数最近大概十年的最低点1849点。

这张图是通道,多个低点和多个高点的连线。江恩曾经说过,历史上所有的高点和低点全部存在数学关系,但我一直怀疑江恩的原话不是这么说的,而是历史上部分高点和低点存在数学关系。

因为从这张图上来看,是这样的。

 2013 年 7 月 15 日

很多事毁在考核标准上了

上学考核的是分数。

刚过去的高考,是人生非常重大的一次考核,从上学起分数就是学生好坏的标准,前些天网上还在重点讨论为什么高考状元出不了优秀的企业家,因为上学时期的综合发展变成了分数单向发展,毁了一大批孩子。

经济考核的是 GDP。

经济发展的考核变成了单纯地追求 GDP 数字,数字把经济运营方式弄到了一个怪圈里,过分追求数字,会让热的过热,冷的过冷。地方债越来越大,谁接任都一样,前面留下的烂摊子,有人说继续这么搞是等死,不这么搞是找死。

基金公司和自营盘的考核是排名。

这个行业很有意思,就是太注重排名,我跟几个负责交易的人也聊过天,他们最注重的就是排名了。**一部分基金经理和自营盘是顶尖的实力和头脑,他们策划并带领整个行业的运行和方**

十 年

向。打个比方说,基金持有仓位被限定不能低于80%,排名是靠净值为依据的,这就代表了仓位大家都差不多的情况下,谁持有的股票收益大,谁就排名领先。

这部分基金或资管经理想明白了这一点,原来抱着的那些超级大象基本都死了,每天也不波动,没有增量资金进场救市,靠别人不如靠自己,开始卖大盘股买小盘股,别以为小盘股有什么特殊的成长性,价格的波动受资本的影响才是最大的。基金经理只要知道这一点即可,就是资金的优势,买入可以直接拉动小盘股价格的上涨。

而小盘股涨,大盘股跌的事实,让这小部分基金经理在其他基金经理没反应过来的时候,成为了排名靠前的明星经理,然后为了追求排名,越来越多的基金经理采取这种方式,又进一步推动了小盘股的大幅上升,明星经理们心里高兴的不得了,因为他们已经从考核的制度上,明白了它存在的必然逻辑。

当这种操盘成为一种时尚的时候,墨守成规的基金经理会非常被动,不跟着这么做是等死,跟着这么做是找死,小盘股里进了这么多大家伙,看他们怎么出来。

所以股指期货也是啊,作为最先开始做套保的中信证券、海通证券,吃到了螃蟹,带领后面的所有券商都来吃螃蟹,东北证券没去吃螃蟹,被中金所说它因为没做套保而损失最大。这就更加剧了证券公司交易股指期货都在"随大流",因为排名压力啊,不求有功但求无过。大家你看看我,我看看你,还好都在做空,那方式上就没什么大追求了(跟基金公司仓位上没什么大追求一样),只有在细节上,即做空的额度上进行调节,看谁做空做多少以追求排名。

很多事就毁在考核标准上了。

---- 作者点评 ----

业内考核标准主要就是排名，这就像一个班级里的学生，绝对分数不那么重要，你在这个班级排第几名才重要。

假设考试的时候，老师不太管，可以抄。那么会出现这样的结局，大家会抄过去历史上学习最好的，而且离得近的率先抄，远的看不到，看到离的近的在抄呢，远的抄不到学习最好的可以抄近的。

所以学习好就太有优势了，家长疼老师爱。

这个行业里是有一部分资金是第一梯队的资金，他们太有优势了，他们能策划并带领整个行业的玩法。我先这么玩，我只要一这么玩，由于我的资金优势，我的聪明头脑，我的成绩就蹭蹭地往上涨啊，后面的小伙伴们面面相视，你怎么能这么玩？

反应比较快的小伙伴迅速做了调整，因为头脑活络，往期成绩也不太差，班长都这么做了，我们也这么来。要是做的不好呢，将来就说班长也没做好啊。

反应比较慢的，看着反应比较快的在抄作业，开始着急了，觉得这就是答案了，跟着抄吧，因为顶尖的和优秀的都这么干，错不了。抄吧，不抄可能会错得特别离谱，有被骂甚至被退学的风险。

策划和带领行业玩法的资金收益最大，主动跟随的资金紧随其后，被动跟随的资金最后。

然后你就发现，班长还是第一，优秀的还是优秀。

玩法，还是那玩法。

十 年

2013 年 8 月 19 日

光大乌龙指暴露的是赤裸裸的操纵

"A 股市值几万亿,怎么可能用几十亿操纵。"啪,周五上午一记响亮的耳光。

"机构交易期指只是在套保,没有在净做空,不会影响行情下跌。"啪,周五下午又一记响亮的耳光。

"光大同学,太暴力了,有话好好说,干嘛打人?"光大回应:"对不起,乌龙指。"

上面是我在微博上就乌龙指事件写的段子,目的是臊一臊那些拍着胸脯说制度没问题的伪专家们。说实话我是烦透了这些人,微博上要是碰到这样的,早开骂了。不去了解真相,不去深入研究,甚至连交易都不做,就拍着胸脯说现行制度没问题,市场就是毁在了这些人的手里。

股指期货机构套保严重多空失衡导致 A 股常年下跌,已经多次反映到领导层,为什么停滞不前,就是因为这群王二蛋拍着胸脯说没问题,他们永远都不会理解,为什么几十亿的资金,可以操纵几万亿市值的股市;他们也永远都不会理解,为什么从上午的井喷,变成下午的跳水?这跟期指到底有什么关系。

市场就像一个天平,当处于某一个平衡的状态下,一个很小的力就能改变和引导市场的方向。美国在很多年前就提出了,飓风的形成，可能是几公里以外的一只蝴蝶煽动翅膀的混沌理论，也叫做蝴蝶效应。

8月16日本来是多空平衡的，但被乌龙指打破了这个平衡，一开始上涨是由于乌龙指，但到中午前的井喷，**各大蓝筹股齐发力就是乌龙指引发的群体效应**。这也印证了我之前说的话，A股不涨的原因就是因为A股不涨，有些资金必须是市场涨了，才进来。所以治疗A股常年不涨的最佳方法，就是找到它为什么下跌的原因，让它涨起来，那就是我一直呼吁的股指期货套保的制度问题，全世界只有我们这的股指期货才会出现这么严重的机构持仓多空失衡，机构交易股指期货几乎清一色的在做空。古今中外，在这个地球上，从来就没有出现过。

那么它的连锁反应呢，就是行情向资本优势方即空方倾斜。有部分专家又出来说，多空的数量是一样的，有多必有空，这就是典型的外行话。一个人做一万手空，和一万个人各做一手多，从来就不会出现平衡。所以股指期货常年下跌的原因就是因为机构常年大面积做空，而期指对指数的带领作用是那么明显，长时间同时看期指和大盘盘口的人都知道这个事实。因此，解决了股指期货为什么下跌，就解决了股市为什么下跌。

8月16日周五下午，股指期货为什么下跌？中金所当晚的数据披露，光大证券因为乌龙指事件，在股指期货上下了巨量的空单，7000多手是持仓的，盘中的还不算在内，一举成为了新的空军司令。当一家机构大量卖空做空，这本身就会和上午乌龙指一样，**瞬间打破市场的平衡，只不过上午打破的是股市的平衡，下午再去打破期指的平衡**。然后呢，就由上午的井喷，毫无道理和

十年

过度地成为了下午的跳水。

就像郑钧的歌词：我们的爱，赤裸裸；我们的爱，啊，赤裸裸。我们的操纵，赤裸裸；我们的操纵，啊，赤裸裸。

没有资金操纵，股票会涨成这么样吗？没有操纵，股指期货会从高位跌成这样吗？乌龙操纵也是操纵。

作者点评

关于乌龙指市场的传言很多，在我听到的这些版本里，最不靠谱的版本是男老总和女秘书在办公室里误触了键盘，最靠谱的版本是：

1. 电脑程序化买入一揽子股票，如果有未成交的部分撤单，重新买未成交的股票。结果程序化的语句写错了，未成交的部分撤单，重新买一揽子股票。结果下一揽子股票仍然有未成交的，结果再撤单，再买一揽子股票，就这样股票的部分被自动化交易一条错误语句给买上去了。

2. 电脑为什么会犯错。首先肯定做过历史回测和模拟盘测试，但模拟盘测不出来市场流动性的问题，实盘如果小规模操作也不会发现这个问题。电脑没犯错，是属于设计缺陷，并且这个缺陷隐藏得比较深。电脑很稳定，稳定到据说真的停不下来，需要拔电源。

3. 资金本来不够买这么多的股票，为了追求交易速度，由正常的发送买入请求，交易所验证你的资金规模够不够买入这么多股票的事先监管，变成了先执行买入再验证资金够不够的事后监管。因为省去了一来一回的资金验证环节，交易速度提升，结果造成了超额买入，直接一揽子股票买涨停了。

由此我想到的几点：

1. 杨总的团队是真心有水平的团队，阴沟里翻船是另一回事。

2. 杨总的做法也是对的，如果大家知道了是乌龙指，会争先恐后地卖出这一揽子股票，用股指期货对冲是对的，不对冲，也会被同行卖空到买入位置。这就好比10元左右的股票每笔成交100手，突然这只股票11元成交了10000手，然后还挂单买入10000手，这个时候这个股票的参与者不知道什么原因，可能还觉得有什么大利好。如果大家发现了是下错单就会进行高价卖出动作，因为大概率是跌回到正常价格的，这中间的价差就会白捡一样。

3. 市场的平衡是连续竞价形成的平衡。总量很大，但并不代表小部分的增量或减量不会产生蝴蝶效应。

4. 我怀疑买入一揽子股票，然后做空股指期货进行套利这个行为有市场操纵的嫌疑。因为从光大乌龙指来看，下一揽子股票和空股指期货并非同一时间，先买入一揽子股票，让股价涨起来，再开股指期货空单进行对冲套利，而套利空间利用了T+1交易规则，即当天买入股票的当天不可以卖出。也就是说，套利的空间有可能是人为制造出来的空间，这是可以定性为市场操纵的。

十年

2013年8月22日

乌龙指找到了股市的亲爷爷

之前我多次说过，股票市场的走势跟经济关系不大，当然经济学家肯定不这样认为，他们坚持说经济影响股市，我想大家可能看到过很多专家甚至是监管机构谈论不涨的原因，他们所谓的高端人士都在谈经济，好像不拿经济论股市就上不了台面似的，而且一谈就谈论了20多年，也骗了我们20多年。

经济到底怎么影响的股市，说实话我本人看不见，也感受不到，这个是大实话吧，你们谁能从交易或走势当中感受得到呢？

想起一个笑话：一个石油公司的老总死了之后想上天堂，上帝告诉他天堂没有位置了都被你们石油工人占满了。他说，"哦，那可以让我对他们喊一句话吗？"上帝说"那好吧。"他大声喊到："兄弟们，地狱里发现石油了"。结果石油工人争相奔向地狱。上帝跟他说，"还是你会骗，现在你可以来了，天堂有位置了。"老总说："不，我不去了，也许地狱里真的发现石油了。"

这就是说假话的人，最后自己都信了。

说经济影响股市的专家好比孩他妈，股市好比孩子，孩子一有问题，别人都要去问孩儿他妈。孩他妈为了逃避责任，就说是孩他爸不好。孩他爸呢，就是经济。广大群众不知道真相，虽然经济连续多年名列前茅，而股市连续多年熊冠全球，大家开始有怀疑，这么光鲜亮丽的老爸，怎么生出这么不强健的孩子。

但依旧还是有人去信孩他妈说的是对的，因为孩他妈一直都是良家妇女形象。后来股市这孩子长大了，来了另一个男人，就是股指期货。群众发现，哦，两人长得太像了，那鼻子、那眼睛、那神态简直一模一样，而且股指期货怎么走，大盘就跟着怎么走。后经亲子鉴定，契合度高达99%（中金所披露）。

大家终于明白了，原来股指期货才是孩子他亲爹，那股指期货的亲爹是谁呢？就是资本，光大的乌龙指已经明确地告诉我们，资本可以改变股市的走势，也可以改变股指期货的走势，即跟孩子和孩子他爸都有血缘关系。

慢慢地，所有人开始认识到，股市原来不跟经济走，表面是跟股指期货走，而背后有个老爷子在操纵，这就是资本，资本让它怎么走，它就会怎么走，他是股市的亲爷爷。

我偷偷地骂了一些用经济来解释股市的专家，哈哈。

2013年8月29日

轻指数重个股

今天看网上好多人写创业板要完蛋了，赶紧跑。原因是，创业板估值50倍市盈率了，而主板才10倍左右，应该卖出创业板而买入主板。这个逻辑对吗？嗯，至少从表面看起来，逻辑是对的。

但你不能跟市场讲逻辑，因为市场通常在讲故事。也就是我们常说的，炒概念、炒题材。而概念和题材其实不重要，炒才重要，怎么炒、谁来炒、炒谁。为了应对这些，才有上海自贸区、战争导致的军工、创业板、手游等等。

你就给银行股弄一个故事，炒得动吗？

所以，逻辑其实并不是最重要的，就像我经常说的，经济影响股市的逻辑，在股市里已经根深蒂固了，可这句话骗了我们二十多年，可谁能说清楚，经济到底怎么影响的股市，怎么形成的连续名列前茅的经济，弄出了个连续熊冠全球的股市来的？

哎，就别跟股市谈什么逻辑，尤其是A股。**股市里最难理解的这句话是，这个股市是可以被理解的。**

所以我觉得，资本推动型的创业板，根本不能用逻辑去解释，创业板和主板间的估值差异，也不是今天才形成，有这逻辑思维的，早就败了。

有严格的止损，再高的股票亦能炒；有严格的止损，再熊的熊市亦可满仓。

股市一直在寻找避开大多数思维的黑箱，若逻辑形成一致，估计就基本不好用了。所以就怕你跟市场谈逻辑，而市场却在跟你讲故事，你与其说市场错了，还不如逻辑跟故事你干脆都别理，踏实地研究一些个股。

继续建议，轻指数、重个股。

---- 作者点评 ----

2013年是炒小盘股，2017年是炒大盘股，请问是炒小盘股对还是炒大盘股对？

答案是都对，存在即有道理。

炒了一年的小盘股或大盘股，用一年的时间来证明这个逻辑是对的，年初怀疑的人，估计到年底都不怀疑了。

这个股市最难理解的一句话是：这个股市是可以被理解的。

 2013 年 8 月 30 日

光大就是个倒霉孩子

下午看到了证监会对光大乌龙指的处罚，罚了5个亿，4人市场终身禁入，表面上和实际上看起来都比较严厉，这样的处理结果，广大投资者满意吗？

至少我不满意，但在我看来，光大就是个倒霉孩子。

我们且不说，为什么只罚光大，而不罚上交所，看看水皮的文章，连新华社都在质问上交所，难道这件事上交所一点责任都没有吗？我们也不说，因为这件事情，普通投资者的损失到底怎么处理，标准和细节是什么？因为我觉得这些都不是此次乌龙指事件的核心。

真正的核心是，为什么定义为内幕交易而不是市场操纵。

到底是内幕交易，还是市场操纵？光大证券的中报显示，套保4.6个亿，套利却高达7.3个亿，请问我之前一直说的券商自营盘几乎清一色的做空是不是事实？乌龙指当天做空7200多手，直接把股指期货从上午的井喷打至下午的跳水，这个行为可以理解为两个错误：其一是利用公众不知情的信息进行自救，就是证监会的处罚，内幕交易的错误；其二是利用资金庞大的优势，干扰价格，大量卖空期指导致期指大跌，即市场操纵。

这是赤裸裸的操纵啊，为什么只定义为内幕交易，不定义为市场操纵呢？

挖掘一下原因。

套保，股票做多，股指期货做空，为空头套期保值，空头套保为了防止下跌所带来的影响。这是一个很深的逻辑，就像光大8月16日下午一样，机构大量做空不是在"回避"下跌，而是"制造"了下跌。A股自券商自营盘大量进入套保阶段（2011年开始）就连续熊冠全球，根本都不知道怎么涨了，与经济和周边股市严重背离，为什么不研究一下之间的关联性？是不是机构大量的空单形成的市场结果？这是不是市场操纵？

套利，我可不可以这样理解，买入一揽子股票，导致行情大涨，然后卖出ETF，或做空股指期货。请问套利的空间到底哪来的？如果套利变成了各家券商的自动取款机，那么我们可不可以怀疑，套利跟套保一样，套利空间是由资金庞大的机构自己"创造"出来的？**先创造套利空间，再进行套利**，这又是不是市场操纵？

而且套保和套利，都不约而同地指向了股指期货做空，我强烈呼吁中国证监会和中金所公布特殊法人机构交易股指期货的多空比例，就是为了让市场有知情权，请管理层告诉我们，为什么我们不能拥有这个对整体市场有严重影响的知情权？特殊法人结构交易股指期货，套保或套利已经出现了，古今中外前所未见的严重多空失衡，这对整个资本市场，甚至整个经济都影响甚大，牵一发而动全身。

没有数据，我们就无法指正套保和套利有多大的做空力量，与股指期货的连年下跌有什么样的正相关作用，我们无法指正机构抱团取暖都在做空所形成的间接的市场操纵。

所以，只定义内幕交易，而不定义为操纵市场，恐怕难以服众，因为各大券商都在这么干。有哪个券商敢站出来说，没跟光大在干同样的事，全国有吗？

在我看来，光大只不过是个倒霉孩子而已。

------ 作者点评 ------

本文的核心是，先创造套利空间，再进行套利。这就好比这个市场里的小偷，在这个市场里总是偷钱。

大家都在偷钱，有个倒霉孩子被抓到了。

我不关心怎么处理这个倒霉孩子，我关心的是其他的人是不是在继续偷，因为被抓到的孩子只被通报了扰乱市场秩序，没提偷钱的事。

十 年

 2013 年 9 月 5 日

今天的市场又出现了比较明显的分化,大盘股继续疲软,创业板再创新高,个股依旧异常活跃,轻指数重个股的整体策略继续发挥重要作用。

因为我们必须了解这种分化背后的本质,股市长时间低迷,这件事却让保持最低仓位的基金嗅到了机会,部分基金经理开始利用资金优势制造行情,请注意我的形容词是,制造。我之前说大量的机构进行套保和套利,所形成的空单会自然而然地压制股指期货,使其股指期货在进入到机构套保和套利时期,出现了异常的常年下跌。这也是一种行情的制造,而制造者本身甚至没有感觉到。

但到了创业板,这种小盘股在资金进入之后,就形成了明显的上升。这个情况制造者本身是了解的,那为什么还敢于去制造行情呢?因为这里面有一个逻辑。

1. 制造出来的行情,出现的是浮盈而非真的盈利,但没有关系,比方说基金经理,他们考核的是排名,如果其他基金不进行同样的动作,还是只持有大盘蓝筹股,那么在浮动盈亏上就处于绝对的劣势。排名堪忧。

2. 一些人对创业板的担忧是对的,进去导致创业板大涨,出来就会导致创业板大跌,这是常规的逻辑。可是资本市场,根本就不能用常规的逻辑去解释,因为这个行业里顶尖的头脑,一边利用游戏规则,一边再创造游戏规则。大部分基金经理肯定扛不住,也不愿意抗排名压力,开始采取跟随策略,也进行卖出大盘蓝筹，买入创业板。

3. 先富起来的一部分这么做的基金，继续刺激正在做或没有做的基金，逐渐地形成了一种共识和标准。而赚钱效应，吸引了越来越多的资金从大盘蓝筹涌向创业板为代表的小盘股（各路资金目前都开始效仿），以资金为王的资本属性，创造了小盘股的奇迹。

所以，我在思考A股的时候，得出了两个结论。

首先，必须想办法纠正股指期货机构严重的多空失衡，A股就会上涨，回到正常的估值轨道上来，这招能救整个A股，让大环境好起来。

其次，必须理解目前出现的让人极不理解的分化行为，**不要抱怨小盘股的逆势走强，而是去接受它**，想办法让自己契合市场，这招能帮助对市场依旧拥有信心的人，还有就是我的学员，我对他们既有感情也有责任，现在跟很多学员成为了很好的朋友。

第一个行为，长期看我博客的人都看到了我的努力，嗯，但这个事牵扯的深度很深，面又很广，我只能尽力，对于这件事情的推动和引起相关部门和整个市场的重视，放眼全国我做的已经很好了，顶住了很大的压力。

另一个行为，我在博客里已经多次强调，要轻大盘重个股，并且以强势股的操作策略和意识为主。建议建立强势股票池，由之前的超跌股来个180°的大转弯，重点的目光关注强势股，因为**已经出现了结构性牛市，指数在失真**。市场的机会，在于谁更能看明白这一点。

作者点评

不要抱怨小盘股逆势走强，而要试着去接受它。

就像不要抱怨这个世界不公平，谁说这个世界是公平的？

2013 年 9 月 16 日

极限交易，最牛 X 的手法

当大家看到这篇文章的时候，希望大家能够认真思考一下这里面的逻辑。

我要说的这种逻辑，是不符合常见的交易方法的，严格意义上来说，这是一种极限的交易方法，我们可以把它叫做极限交易法。它并不常见，但跟常见的分析方法是并存的，也必须是并存的。就像小概率一样，**没有了小概率，就没有了概率。大概率是相对于小概率的，小概率有它发生的必然的逻辑基础。**

那什么是极限呢？比方说水，低于 0°以下，就会变成冰成为固体，高于 100°，就会成为沸水，变成水蒸汽，成为气体。说明水的承受极限是 0°~100°之间。

从交易的范畴来讲，每个人可能也会有两种极限，一个是向下的，跌到多少你就扛不住了，准备割肉，想卖掉，这是一种向下的极限。涨到多少，你就受不了，想杀进去，有冲动，这是一种向上的极限。

极限交易,是研究一种心理变化情况的。单一的个体行为,也许他的承受力是不一样的,不像水的状态那么明显。但是大量无序的个体行为,会在整体上出现秩序。

这句话本身是很难理解的,但当你真正地理解了这句话,就明白了,这种极限是存在于无序而大量的个人投资者的。那么无论是向上还是向下,只要冲过了投资者的承受极限,就等于冲垮了他的防线,冲破了他的底线,就会出现"效果"!

比方说新上市的国债期货,第一天3万4千多的成交量,第二天1万多,第三天只有5千多,同比下降的幅度非常严重。而反观股指期货,成交量却越来越高,这为什么?因为股指期货的个人认同度比较高。所以股指期货的交易普遍性比国债期货要高,但股指期货和国债期货之后的表现,确实是一个量增,一个量减。

国债期货的量减,我觉得最大的问题是,没有对手盘。机构不是不想玩,而是没有股指期货那么多的软柿子,如果中金所不去平衡机构的多空失衡,无论是国债期货还是股指期货,都会出现问题的。

金字塔式加码。股指期货的开户50万门槛,代表了相当一部分有实力的优质投资者,他们很大一部分是从股票市场转战股指期货市场的,而股指期货的杠杆和T+0,在投机属性上,比股票强太多了,假如股票没有投资价值,那么想不出理由不在股指期货上投机而是在股票上投机。股指期货的投机一旦失败,大多数人所采取的策略是,把股票的无杠杆资金卖掉,转到股指期货的有杠杆交易里,形成金字塔式加码。

十 年

　　金字塔式的加码就使得机构大面积做空有了对手盘，因为对手盘的出现，机构做空的额度也在逐年增加。我曾经披露了两个事实：2011年中信自营盘盈利20亿，同比是2010年的近10倍，海通同比是40倍。各大机构全部都在增加做空的份额，其中主要原因就是，因为对手盘的增加。而国债期货，机构就是想加仓，没有对手盘，加在哪？

　　另一个事实，2012年中金所盈利120个亿，加上期货公司的佣金和机构套保、套利盈利，估计有几百个亿。中金所并不印钱，这个钱从哪来？有人还玩笑说，别说是个人投资者亏的。

　　这个一点也不玩笑，就是个人投资者亏的（包括一般法人机构）。他们用的就是极限交易手法，行情连年下跌，就会有人利用股指期货的杠杆，赌上涨，金字塔式加码。因为大多数人太想翻本了，当损失比较严重的时候，就超过了理性的极限。澳门、**拉斯维加斯等赌场，也在赚这个钱，输疯了的人会丧失理性**。我一个朋友，总去澳门，却总赢钱，说白了技巧是一方面，主要的原因是他极理性和耐心，并非常人，根本就是一个怪物。可大多数人是正常人，不是怪物，所以就回到我们上面的话，大量无序的个体行为，会在整体上出现秩序。阻击这群人就行了。

　　然后行情就一直跌，一直跌，这些人能补仓的都在补仓，因为是低位。卖股票、卖房子，在坚守，因为位置低。可是我都说了多次，**低位做多是正确的理念，根本敌不过集中做空的资本。这个长期看起来没问题的理念，必须有好多条件和承受力以及过程**。这根本就不是一两句能说清楚的。

　　跌了还跌，低位做空才叫极限。用了极限的手法，才能获得大的利润。光大乌龙指已经清楚地告诉我们，这个市场是可以被操纵的。**真正的顶尖头脑，他们的底牌是：他们能主导行情。**一般人，做不到主导，只能做跟随，而极限行情里，跟随是没有信仰的。这就是我虽看明白这一点，但为什么总说，做空没有信仰。低位做空那么容易吗？如果你不能主导行情，只是跟随的话，你的信仰本就缺失，一根底部大阳线，跟随做空的全迷糊。

股指期货的个人投资者（一般法人机构），赔的一塌糊涂。

反观股票市场，创业板多少人喊高了，指数翻番的时候并不多见，尤其是在大环境还在持续下跌，甚至创新低的情况下。但主力采取了另一种极限的向上交易手法，手游概念也好，文化传媒也好，这些股票，连上市公司本身都不觉得这种上涨是合理的。当然更多的市场专家也会这么认为，一个50多倍的市盈率的创业板，已经风险很大了，对比主板10倍左右。

那么30倍不高吗？35倍不高吗？40倍不高吗？45倍不高吗？50倍说这话的专家，难道你只现在才看见这一点？也许事情是这样的，30倍到50倍，你这一路都错了。也许未来在某一天你会对，我认为那是一种运气，而不是智慧。

今天上午，创业板又创新高了，所以创业板的逻辑是，现实行为要比理论更牛X。

就一直涨，所有进来的都让你赚钱，出去的让你后悔。你认为的高位、风险，全都在见鬼，5块钱买的，10块钱卖出，你觉得自己很牛X，涨到20你就会觉得自己很傻X。傻X的时候，你不一定敢买，但涨到30的时候，就觉得自己快崩溃了。涨到40、50的时候，就受不了了，就买进去了。这就是我之前说的极限，当人的承受极限被冲过的时候，就会丧失理性。

为什么998点没多少人买，2000点没多少人买，3000点没多少人买，但6124点一大堆人冲进来？只要价格一直涨。希望，就会在绝望中，得以重生。

这就是今天我要说的重点，极限交易法。

我们用所有传统的理念、方法、技巧等通通不能解释这个行为，更别说战胜它。我常思考一个问题，当我们进入到金融市场里来，我们就遇到这个行业，最顶尖、最聪明、最土豪（有资金）、最专业、最资源（有内部信息）头脑的较量。

我们凭什么胜出？

大家有思考过这个问题吗？如果没有，现在请花15秒钟思考一下吧。

打了这么多字，下一篇文章中，写一写我对极限交易的思考。

作者点评

极限交易是一种小概率事件，但小概率本身是必然存在的，没有小概率就没有了大概率，没有大小概率就没有了概率，所以小概率是必然存在的，极限交易或极限行情走势在过去、现在和未来，都是一种必然。

这是至关重要的知识点，如果你的交易意识里不防小概率，只是在大概率狂奔，你迟早会摔死的。

什么是极限行情，跌多了上涨或者涨多了下跌，那叫正常不叫极限。极限就是跌的很多了，继续下跌；涨的很高了，继续上涨，这才叫极限。人性会有一个极限的承受力，极限行情就是超过人性的承受力极限的行情。

要么让你崩溃，要么让你疯狂。

 2013 年 9 月 30 日

创业板的极限行情

对于创业板，有时候我真的不知道该怎么说。市场上谈论它的人太多了，尤其是现在，几乎清一色地认为创业板估值过高，市盈率、市净率等都高的离谱。我不能说创业板的估值不高，我也不能说鼓励买入创业板，但我一直想告诉大家的是，估值高、位置高，并不代表不会继续涨。

这就是我说的极限交易，极限交易是有其存在的必然逻辑基础的。大多数人的看法成就了极限交易的神奇之处，如果你因为高而卖掉，在主板不涨的前提下，创业板越涨越高。出来的资金会比较纠结，纠结的严重，会导致丧失理性，所以创业板用不断的上涨来告诉那些用估值来衡量交易属性的人，只要冲过一定的交易极限，卖了的还会买回来的。

所以传统理论是很难解释现在的市场的，我才提出极限理论。极限行情冲击的是人的心态，面对极限，越简单的方法越有效，对此我很久之前就有了对极限行情深入的思考，所以一直以来，创业板我不看空，现在依旧是。

因为我知道不能用估值来解释市场，过去是，现在是，未来也是。

——————————— 作者点评 ———————————

索罗斯在论人的不确定性之后，提出了反身性理论，这个理论和市场主流的有效市场假说是相反的，索罗斯认为有效市场假说是错的。

在牛市里，人的不确定性、人性的贪婪和狂热会让价格严重偏离价值，这是泡沫形成的过程。在熊市里，人的不确定性、人性的恐惧和从众也会让价格严重偏离价值，这是估值体系可能会失败的原因。

我深表认同。

2013年10月9日

从牛市到疯牛的可能

我在之前描述创业板的时候，曾经谈到了极限行情，从牛市到疯牛的可能。因为这里面有一个非常深的逻辑，我认为也是十分重要的。

估值体系无法实际应用在A股市场里，那些研究估值的，其背后是不是真的在用估值都是个问题。就像索罗斯，他在别人面前大谈映射理论，但真正有几个人能明白什么是映射理论呢？所以我谈到的是，我们用估值来评论市场，也许本身就不对。

连续下跌不合理的估值一样，创业板这么涨早就有人认为估值不合理。

可是大家有想过这个问题没有，主板股票持续低迷，好的股票都在中小板和创业板，你如果为估值高而卖出，你买什么？

如果你因为估值高而卖出，那么怎么面对现在继续的大涨，甚至从牛市到疯牛的转变？现在的估值更高了啊！

所以我一直并不看空创业板指数，除了之前说的那里面有基金公司经理排名导致的资本大搬家和众多机构跟风的逻辑以外，上涨带来的财富效应使得资本更加青睐和聚集。最意想不到的其实效果是最好的，这就为极限交易留下了足够的想象空间。

因为估值而卖出的，现在的上涨会很受折磨，这些人会有一个承受的极限，只要涨到一定的幅度，超过这些人的心理承受极限，他们就会在更高的位置上把卖掉的部分再买回来。这就为创业板一直极限式上涨，提供了充足的理论基础。

这段时间我一直在思考可能会出现的这种逻辑和极限交易，反复提示不看空创业板，不能用估值体系去解释创业板，要轻大盘重个股，目光要集中在强势股上。

因为这个逻辑到最后，就会形成一个简单的道理。只要冲过多数人的承受极限，希望就会在绝望中，重生。从牛市到疯牛，已经开始让很多人抓狂了。这也证明，创业板真正地进入到疯狂，越是疯狂的末期，个股越是精彩不断，卖出的人想买回来的就越冲动。

作者点评

2013年是牛市，那么2015年就是疯牛。

后配图（2013100901）

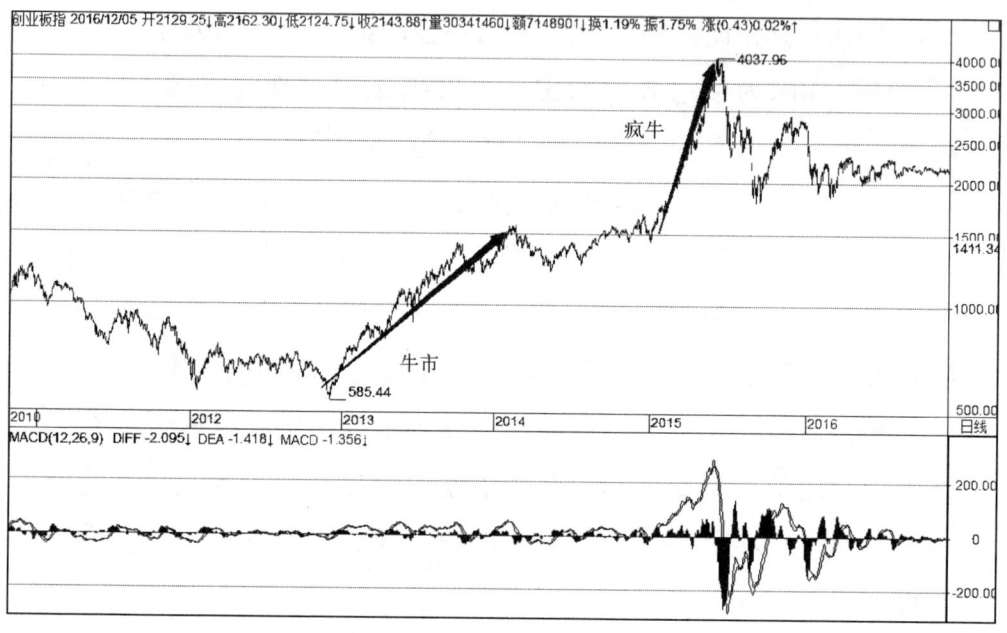

2013年11月13日

昌九生化之殇

我本不想写它，一直考虑再三，资本市场有时候很无德，但昌九生化几乎到了无耻。融资融券推出以来，这是最悲催的案例，我还是写写吧，警示后人。

1. 早在11月1日，有神秘人士在昌九生化股吧友情提醒，3日晚将公布赣州稀土借壳威华的消息，建议速速逃命。11月1日9点多，某神秘人士在昌九生化股吧发帖称："快跑，最后一天卖出，3号晚威华公布重组赣州稀土集团议案通过，下礼拜就是昌九连续18个大跌开始。"

对于这条，我比较矛盾，这个人还是比较善良的，但他是知情者，甚至知道整个资本运作的逻辑，连续18个大跌，不懂资金的根本不知道是怎么回事。融资融券推出之后，资本的推动力更强，内幕交易和暗箱操作也更猖狂。消息的不对称，让普通投资者在融资融券的前提下，风险巨大。别说昌九是黑天鹅，黑天鹅保证后面还会有。

2. 我在微博里写，昌九生化无解。一只净资产为负、每股收益为负的公司，怎么还在融资融券标的里？这样的公司，一旦出现目前的问题，重组辟谣只是一个诱因，诱发的是融资的被券商强平，强平出现巨大的卖单，这卖单又引发市场的下跌，导致新的机构强平，恶性循环把原本想进的多头，吓得跑都来不及，还敢入场吗？机构卖出是"风控型"的被动卖出，越跌越卖，因为这件事，根本没人买了。这么多坚决的卖，没人接盘，所以昌九几乎是必跌的。无解，谁来都白给。

3. 我们天天说投资者保护，那投资者保护到底要怎么做呢？从上面的例子已经很容易看出问题了。既然无解，必跌，那就应第一时间反应，进行昌九生化的停牌，找到事件的突破口和源头。如果重组是假的，那么融资炒这么高就一定会有受益人，查查受益人和重组消息或其他消息有没有关联，有没有跌之前跑，有没有违规收益。等市场情绪冷静，或事情查清楚了，再复牌。这才是对中小投资者最大的保护啊，毫无作为的再这么下去，昌九依旧无解，其他炒概念的融资的股票呢？会不会有连锁效应？

4. 庄股的连续跌停和现在的连续跌停是有很大区别的，最大的区别是，一家独立卖出还是多家集合卖出。如果是一家独立卖出，那么他也不希望市场出现大幅下跌，会做骗线，会吸引买盘。常见的一种做法是，大单压跌停，然后买入自己卖的大单，给人一种假象是有资金进来，成交量大幅增加。而融资导致的风险控制型的卖出，是不考虑入场成本的，券商既没有资金方的压力，也没有其他可供选择的操盘方法，只有一个方向，卖。而且卖的人又分散在不同的券商，心不齐，就谈不上护盘了，所以我才说昌九这个问题很严重，如果不停牌，无解。

5. 我们再看双汇，双汇在瘦肉精事件爆出来的时候，采取了临时停牌，因为群体行为极容易产生不理智的带领作用，一个跌停下去，后面就有可能连续跌停。**先停牌，进行深入调查，找到问题进行纠正，再举行发布会，带领一部分机构进行护盘或者是自由资金进行护盘**，就会是另一种结果。昌九因为没有机构在里面，大股东又没有责任心，所以没有人出来做这个事情，按理来讲，监管部门应该本着保护投资者的角度，考虑是不是进行临时停牌。**这样至少可以隔断群体行为的一种信心的崩溃。**

我很同情昌九的股东们，但能做的不多。

后配图(2013111301)

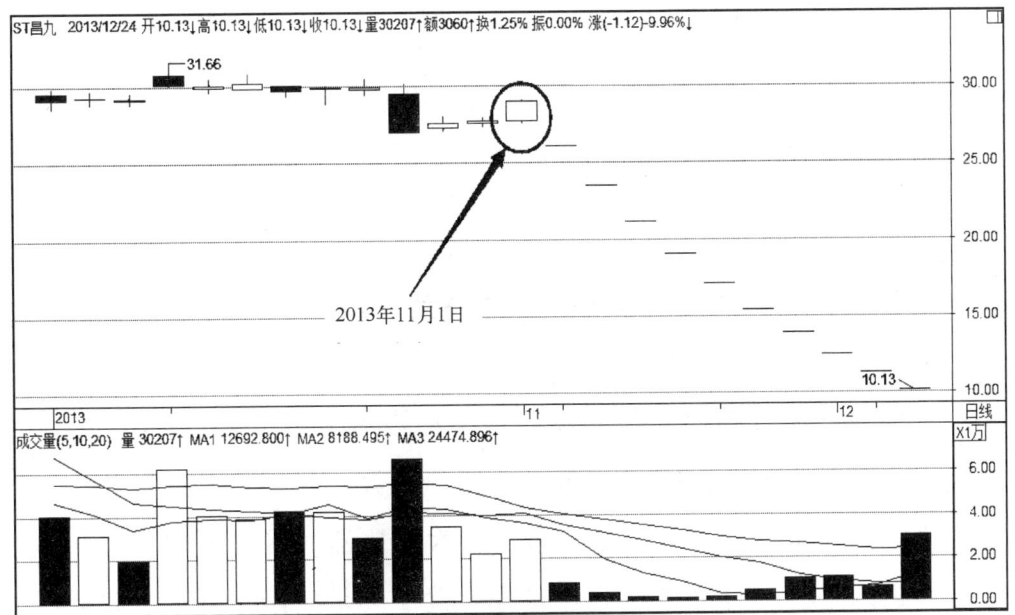

------------作者点评------------

这件事是上市公司遇到突发事件的应急反应，上市公司作为公众公司遇到的负面新闻相对非上市公司是比较多的，作为公众公司你就需要接受公众和媒体的监督，应急反应是否得当对于上市公司就比较重要了。

如果处理不当，会形成一种群体行为出现的信心崩溃，我记得股灾出现千股跌停的时候，实际上就是多头信心崩溃了，就那么一瞬间买入做多的人没有了。然后，国家队开始组织资金救市，其实最主要的就是给予市场信心。那么作为上市公司，也应该相对积极一点。

先停牌，进行深入调查，找到问题进行纠正，再举行发布会，给参与各方信心，鼓励一部分机构进行护盘或者是自由资金

十年

进行护盘，拖住崩溃的情绪，既保护了股东又保护了上市公司。

2013 年 12 月 10 日

一条线压六年

现在是上升趋势了吗？不，目前还没有，但已经无限接近。大家可以看一下这张图，一条线，压了指数六年。当然问题不在于线，而在于指数本身，太不争气，太不成器。唯一可以往好的一面想的是，一旦进入到上升趋势，就不会是一两年的事，这是要憋大行情吗？

原配图（2013121001）

作者点评

这个是超长期压力线，这条线因为时限太长了，并不是一两天能突破过去的，可是一旦这条线被突破了，也对应绝对不会是小行情，会是很大的行情。

下跌和上涨是有一定的对称性的。

2013年12月26日

神秘家族坐庄昌九生化

我对昨天坐庄昌九生化的土豪是极佩服的。

前天中午发文《谁来拯救昌九生化》，要是没有他们来拯救昌九，昌九真的不知道什么时候才能打开跌停，这方面土豪们功不可没。但他们却并非是想当救世主，获利才是他们真正的目的，并且手法太凶，我说一下几点。

1. 近6000万股的一笔成交，直接把所有卖出的单子全部吃掉（之前连续多日连续挂单卖出，量都6000万股左右），这笔钱需要5.5亿元左右。然后因为盘口的买卖一下子被逆转，开盘后5分钟就收阳了，这5.5亿元，5分钟浮动盈利5000多万元。

2. 全天成交1亿股，即除了第一笔成交的6000万股，剩下的4000万股，预计相关的在2000万股左右，下面再介绍推理原因。主力部队已经低位买进去了，任务已经完成，小股部队的任务是推高股价。

3. 推高股价的效果，当然是有跟风的，昨天是不是跟风的很多人，账面上都有盈利？但你别高兴得太早，因为你出来的时候是否盈利才是真的。拿今天早上开盘来进行计算，如果上述的土豪们不买，因为供需关系的问题，股价会低开，但不会低开这么多。

4. 我们要研究为什么会低开这么多，我认为跟昨天买入的资金有直接关系，他们故意压低价格，让昨天跟风盘，割肉出局。只要跟风盘的成本比主力部队的成本高很多（跟风盘成本平均要比土豪的高17%左右），就丝毫不用担心。第一笔就低开了10%，昨天账面浮盈的跟风盘全线被套，考虑到昌九的基本面和其他因素，怕继续迎来连续跌停，跟风盘夺路而逃，吓都被吓死了（假设这1000万股大部分都是被吓出来的投机客，那么昨天成交的4000万股应该还有一半是土豪们的）。

5. 我判断昨天入局昌九的短线投机客，十有七八亏损出局，剩下的大心脏，要么是高手，要么是新手。1000万股跌停成交，主力部队是出不来的（量不够），如果任由股价跌停，昨天的盈利，今天也是化作浮云，所以在主力部队高位跑掉之前，价格会被主力护盘，但短线投机客可能会一直这样，被主力反复的摧残。

6. 原因只有一个，主力有定价权，他们可以用资金主导市场价格，跟风的即不能主导价格，又比主力成本高，早晚被玩死。

7. 到今天中午，也就是现在，总成交已经8800万股了，也就是主力资金已经存在出逃的理论空间和成交量，如果他们跑了大部分，剩下的甩货阶段，股价将很难不跌。

8. 当然我还有一种分析，就是这些个土豪们，这次也许可能不是做短，因为这次做的有点太张扬了，吃了流通盘这么多筹码，不举牌，盈利就想跑，除非你关系特别硬，否则在证监会那实在说不过去，一句话，这次有点过了。

9. 我们再看土豪们是谁？昨日龙虎榜数据显示，买方榜大鳄林立，中信证券上海东方路证券营业部买入0.56亿元，国泰君安深圳益田路证券营业部也吸筹0.33亿元。有记者分析为陈氏家族。理由如下：

记者梳理数据同时发现，与中信证券上海东方路营业部关联度最强的自然人流通股股东是陈某明，一共关联22次；与申银万国上海东方路关联度最强的自然人是陈某，共关联15次，该席位关联度第三的是陈某明，共关联12次。在自然人陈某的关联席位中，中信证券上海东方路也关联过6次，排名第八。两个席位在陈某明关联排名中分列第一、第四位。

陈某明与陈某并非泛泛之辈，两人为父女关系，上一次因资本市场类似事件见诸报端是因为高位举牌高淳陶瓷。2009年6月，两人连同陈某明之弟陈某康，一起举牌高淳陶瓷，买入的时间正好是高淳陶瓷连续11个涨停的最后一天，媒体称三人"勇气惊人"。2010年4月后，三人一同减持高淳陶瓷，这时距离高淳陶瓷内幕交易案发已经过去了半年。

记者致电陈某明，对方承认是陈本人，但否认了操作昌九生化，同时也否认自己操作高淳陶瓷，但当记者进一步向其说明高淳陶瓷的举牌信息是有公告可查时，陈匆忙挂断了电话。

10. 如果短炒怕违规，就有可能做长了，做长问题也不大，土豪们花几个亿买个壳，赣州的事黄了，以土豪们的实力，再弄个其他的重组问题也不太大。所以他们是看准了这一步，才下的棋。

11. 短期投机客的损失只是其中的一个小部分，我要点评的是，咎由自取，你们先有的贪欲，才来投机昌九，刀口舔血，被洗正常。

12. 至于其他人，我们一进入到这个市场，就会遇到这么专业、顶级、凶猛的头脑的较量，我们是不是要思考一下，我们凭什么成为这个市场上少数的盈利者呢？

13. 昌九的土豪们，也许洗劫了短期的投机，却救了一只无解的股票，所以我是敬佩他们的。

土豪，我们做朋友吧。可是土豪，你能低调点吗？

原配图（2013122601）

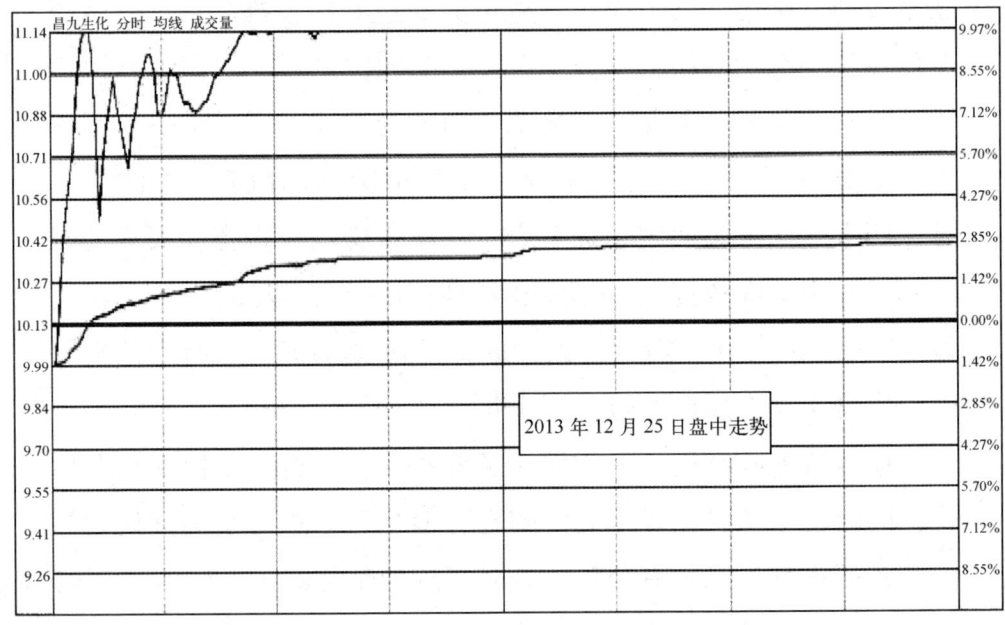

原配图(2013122602)

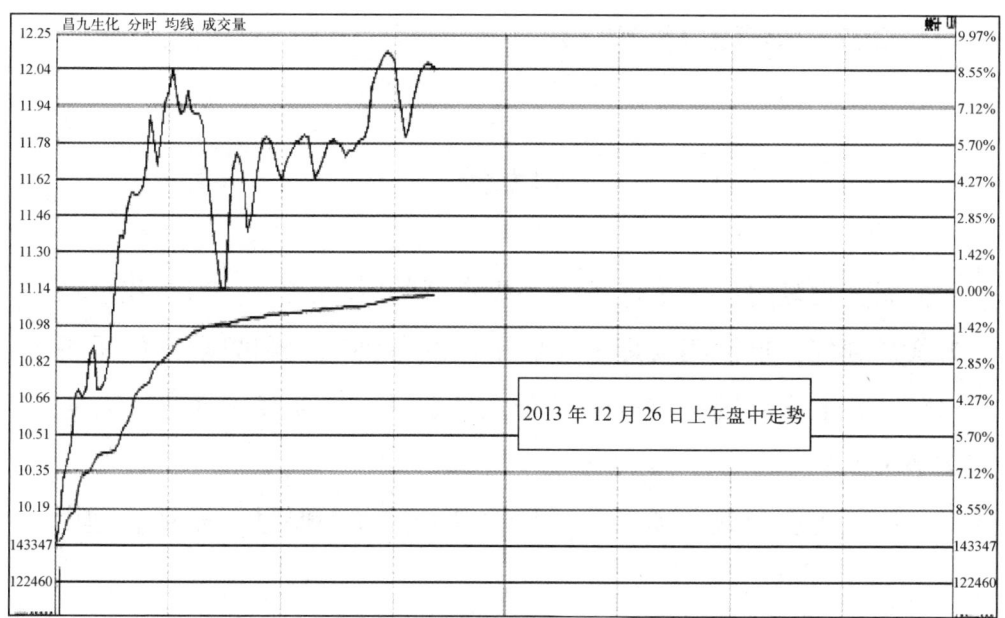

2013年12月26日上午盘中走势

作者点评

2013年12月25日和26日这两天的操作来看，是比较专业的顶尖选手，有钱就有定价权，但并不是所有有钱的都可以有定价权。

既有定价权又专业，你最好跟他成为朋友，而不是对手。

十年

2013年12月29日

国九条

周五收盘之后出了保护中小投资者的"国九条",当然我也认为这是利好,这说明管理层对股市里的种种问题和弊端开始重视起来,并上升到国家重视的层面,对于股市长期发展而言无疑意义是重大的。

但是否会导致市场上升,我觉得大家没必要过于乐观。理由如下:

中国股市到底是不是政策市,这个讨论的声音从来就没有休止过,你能举出政策影响股市的例子,我依旧能举出政策不影响股市的例子,这个话题可以说永远都没有结果。我个人认为,政策或消息只是暂时地影响股价波动,但无法改变其运行方向。

2001—2005年市场大跌的时候,出台了许多的救市政策,比方说近期讨论的新股市值配售就是那时候出现过的,降佣、降印花税、发展机构投资队伍,暂停国有股减持到停止国有股减持,这些都是非常实质性的利好,可结果呢?股市依旧跌到了998点,并没有改变股市向下运行方向。

2007年5月30号,为了抑制股市大幅上涨,又半夜出台了将交易印花税从千分之一加到千分之三的利空政策,市场短暂下跌之后,从4000点继续飙升到6000点,也没有改变股市向上的运行方向。

2008年国际金融危机,导致股市大幅下跌,国务院连续两次下调印花税,这是非常大的实质性利好,可是两次都没有阻止股市再创1664点新低。在过去的十年左右,大盘因为实质性利好,一共导致大盘4次涨停,一次是暂停国有股减持、一次是停止国有股减持、一次是印花税从千分之三降到千分之一,一次是印花税单边收,但这四次大盘涨停的结果是,投资者因为利好而买入的全部被套。

当利好政策这事情被反复验证的时候,市场中就开始流传这样的一句话,出利好就跑,大利好大跑,小利好小跑。不出利好,什么消息都没有,才会是大行情。

所以,一些比较明白的市场人士开始倡导和建议不要救市,我是支持这个观点的,市场有自身的规律,我们只要一个交易制度公平、交易信息公开透明的市场就好,不要过多地干涉市场。

而这次的国九条呢,并没有那种非常直接的利好,但从制度和保护上是下了功夫的,我再次提出股指期货市场上,机构出现了严重的多空失衡对市场影响非常大,希望中金所、证监会、国务院能够充分认识这是交易制度不公平所导致的直接后果。

只要交易制度公平,信息公开透明,无需救市,市场自己会进行自我调节。越是相对简单的市场越是有效,越复杂越容易出问题。

---------------- 作者点评 ----------------

关于中国股市是不是政策市这个话题我谈论了多次,这个话题很极端,比方说认为中国股市是政策市的人会认为这个话题还需要讨论吗?他们坚定地认为在中国炒股不研究政策根本就不会做交易。

十年

　　而认为中国股市不是政策市的，认为股市是自然界的一个部分，自然地符合自然规律，政策不会强制买卖。在过去的政策里，下跌多利好，上升多利空，但绝大多数利好政策或利空政策都没有改变股市运行方向，看政策做交易的投资者才是不会做交易的。

　　没有谁对谁错，谁也说服不了谁。

　　我是后者，仅此而已。

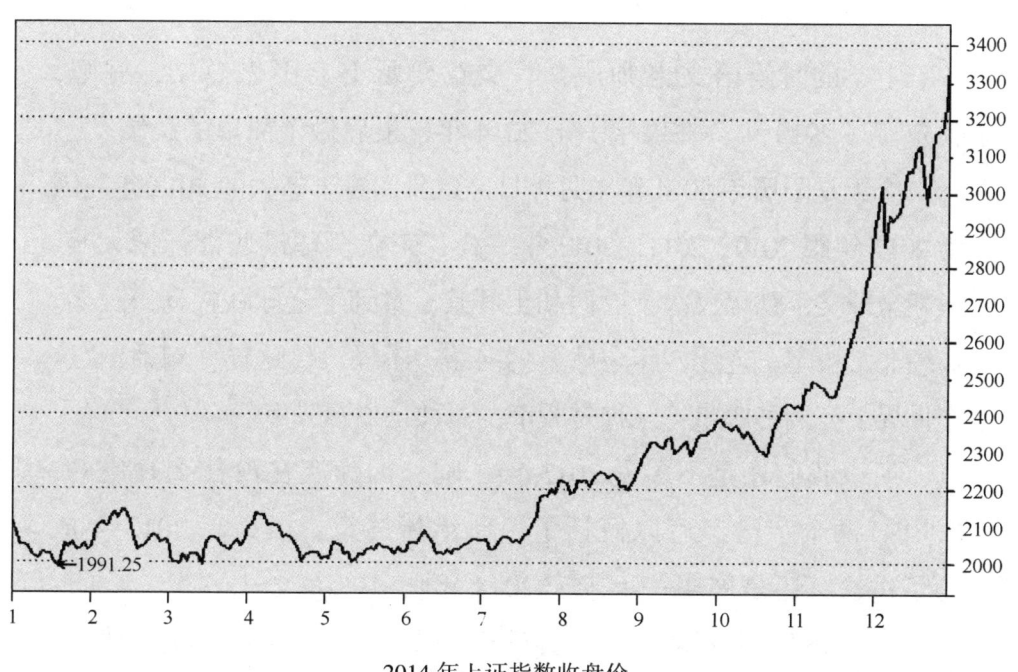

2014年上证指数收盘价

十年

2014年01月01日

展望2014年股市

上学的时候语文老师说,写文章要承上启下做总结,好吧,我先写写2013年,在展望一下2014年,最后做个简单的总结。

今天是阳历年2014年1月1日,致我们终于逝去的2013年,因为2013年跟2010、2011、2012年一样,荣获全球最悲催行情大奖,熊霸全球奖,跌幅仅次于巴西和土耳其,拿到了全球跌幅榜第三名。成绩非常稳定,连续四年全球名列前茅,不怪流传这样一句话:"这个世界上有两种股市:一种是股市;一种是中国股市。"

所以我们还是不多说2013年了吧,因为实在没什么好说的,"悲催"两个字已经可以概括了。新年新气象,很高兴2013年成为了过去,还是展望一下未来2014年吧。

1. 如图所见,这六年一直处于一个非常明显的下跌趋势里,我认为这个破冰之举就出现在2014年,因为现在的价格已经距离这个下降趋势非常近了,考虑到连熊四年所积聚的做多能量,冲过这个下跌趋势并非难事。所以**我首先认为2014年是破熊之旅**。

2. 但我却不能说2014年是牛市的起点,因为那样说反而比较残忍,那代表了1849点还将再次被击穿,只要1849点没有被击穿,则起点应该是我们刚刚逝去的2013年。就是因为我不希望再破1849点,所以这对于整个破熊之旅的强度给了一个节奏,这不是井喷式的结构,这是个慢牛。

原配图（2014010101）

3. 慢牛突破长期下降趋势，是我认为最大可能的一种走势，这跟998点和1664点是有点类似的，牛市初期总是犹犹豫豫，在一片怀疑声中，偷偷地筑底成功。从大多数人怀疑过渡到少数人怀疑，然后到不再怀疑，这是一个牛市正常的逻辑和过程，当然不再怀疑和坚信牛市的时候一般都在中后期了，牛市初期就是这样的，慢牛是最可能的走势。

4. 在实际交易上，股票我认为热点还是会在小盘股和题材股上，尽管它们对大盘的整体推动不大，但逻辑上当大盘股推动大盘的时候，会让整体的操作环境处于偏暖的状态，小盘股在这种偏暖的环境里，表现欲望和能力还是要优于大盘股的。所以建议继续关注小盘股，建议以右侧交易为主的选股逻辑。

综上所述，2014年，我认为整体处于牛市初期，所以称为破熊之旅，但牛市初期通常会走得比较犹豫，所以我认为会是慢牛走势。总结起来就叫做慢牛破熊之旅吧。

---作者点评---

我在2014年1月1日第一天做全年展望的时候有以下结论：

1. 我画了一条熊市的分界线，我认为2014年将突破这个超长时间的下降趋势，也叫做破熊之旅。现在来看这个判断是准确的。

2. 但我没有说2014年是牛市起点，原因是如果不创1849点新低，起点就是2013年，我认为不会创新低的概率大，所以判断2014年不是牛市起点。现在来看这个判断也是对的。

3. 我判断是慢牛，因为在刚突破长期下降趋势的上涨初期通常都比较犹豫。这个对一半，11月20日之前都是慢牛，年底最后一个月快牛加速了。当然这是杠杆失衡的问题，如果没有这个问题，慢牛还是大概率，但交易没有如果。

2014年01月14日

结构的级别判定

上证指数已经形成了60分钟线的底部结构，我们观察11月中旬的低点和12月初的高点，相对级别都比较大。

判断结构的级别的重要程度依次根据以下几个原则：

1. 速度。速度跟级别成反比，速度越快的，结构的级别越小。虽然这 60 分钟线 3 次形成结构，11 月中旬的结构要弱于 12 月初的，现在的这个结构最弱，原因是 12 月形成的速度最慢，然后是 11 月的，然后才是这波。

2. 强度。强度是指背离的差离值，差离值越大的代表强度越高，因为强度高的一时半会结构都不会消除，我们可以对比上证指数和深成指这波 60 分钟低点的结构，上证指数明显比深成指强多了。同理，这一波强度要比前两次要弱。

3. 时间跨度。构成结构的两个低点或高点之间的距离为时间跨度，越大级别越大。我这本次形成结构之前，特别说了时间跨度，11 月中旬形成的结构是 46 个周期，12 月初形成的结构是 47 个周期，这一波是 58 个周期，虽然从时间跨度上略高于前两次，但时间跨度对结构级别的影响不很大。

原配图(2014011401)

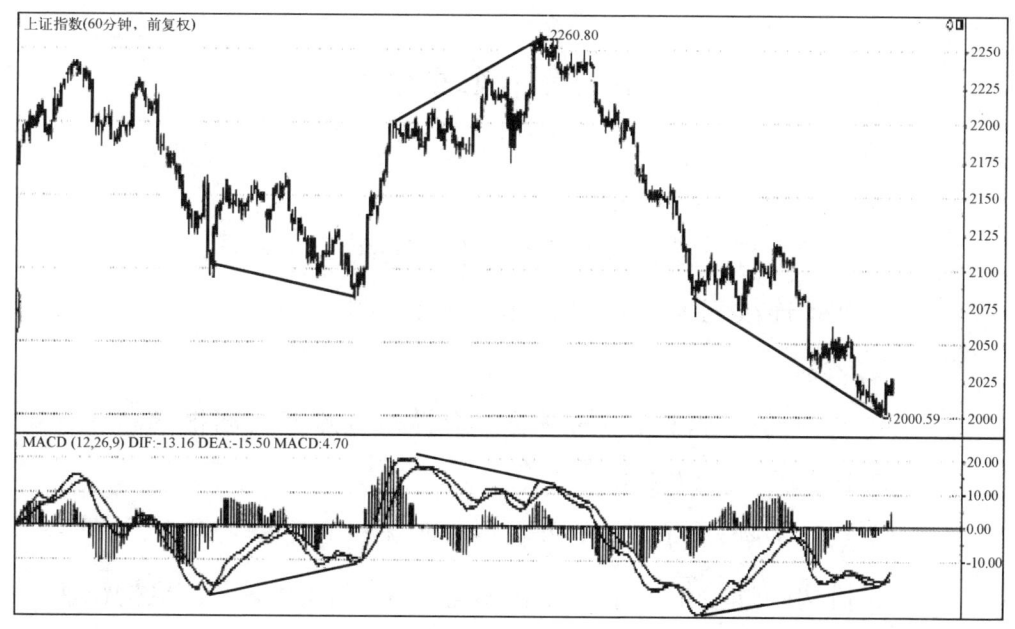

综上所述，本次60分钟的底部结构相对比较弱，但我仍认为会有5天左右的反弹周期，要不也太对不起这60分钟的结构了，只不过呢，反弹的力度相对来讲会偏弱一些，当然我们要以即时的盘中为准，今天算第一天。

——— 作者点评 ———

关于结构的级别大小，这个问题是个比较难的问题。这篇文章里写了三条，其实并不只这三条，在级别判定里，这三条是最重要的，重要性的排序依次是速度、强度和时间跨度。

2014年01月21日

怎么打新和怎么炒新

关于打新股，建议如下：

1. 卖股票打新股在目前这个点位＝丢西瓜拣芝麻。

2. 如果连续三天有新股，那么申购后面两天的中签率会高，第三天最高。

3. 同一天相对盘子小的新股，会被市场欢迎，回报率高。

关于炒新，建议如下：

1. 第一天炒新的，基本没有任何技术含量，凭运气的。

2. 机构不炒价格上不去，价格上不去机构出不来，机构出不来，散户就进不去，散户进不去价格就会继续涨，价格涨了，散户就想进去了，继续涨散户就真进去了，散户进去了，次日就该低开套住了。（像今天上午的一字涨停，没量，没量等于机构出不来。）

3. 第一天炒新的，关键不在于你进不进得去，而是在于你明天出不出得来。

4. 第二天以后炒新的要注意，如果价格创新高的给所有之前入场的人发钱的，要比价格创新低套牢所有之前入场的人的股票好多了。

嗯，就这些吧。

―――――――――――― 作者点评 ――――――――――――

申购制度和发行制度有了很大的改变，我只能说当时的制度，我给的建议是靠谱的。

当年还不是市值配售制度，所以才有第一条卖股票打新股的情况出现，现在你有股票才能打新股。

当年也不是低市盈率发行，不像现在很多新股上来都好多个一字涨停板，市值配售加低市盈率发行这两个制度，确实能把新股的部分利润回馈给二级市场。

2014年01月23日

有了第一次数据佐证

数据一出,真相大白于天下:2013年1月1日至11月19日,证券公司多空套保持仓占市场总持仓比例平均为0.74%和36.57%,空多比竟然为4941%,这种数字全世界未见!而行情下跌跟套保的空头入场做空高度吻合,此状况不改,股指期货怎么涨?股市现在完全跟随股指期货,股市又怎么涨?

中金所没有错,它只是保证交易制度的公平,交易信息的公开透明,它不会也不能干涉交易自由;证券公司觉得自己也没有错,套期保值是切实需求,可是亲爱的管理层啊:

1. 难道我们不能预见证券公司在大量持有现货的时候,会大量地开空套保吗?为什么不逐渐放开证券公司的做空额度?

2. 难道我们不能预见机构多空失衡,导致行情明显地向资金优势方倾斜吗?为什么不想办法平衡机构的多空?

3. 难道我们不会想到,证券公司即便没有大面积做空意愿,但会有人利用这么离谱的多空失衡而做空期指吗?(证券公司算不上躺着中枪,你不杀伯仁,伯仁却因你而死。)

4. 难道我们看到了、想到了,经历这么长时间的痛苦,却打算什么也不做吗?

股指期货这个30多年的金融产品,被誉为20世纪发明的最伟大的金融产品,却被我们弄成这样,我们的未来在哪里?

---作者点评---

我以前一直没有数据,结果官方在一篇文章里不小心披露了这个数据,跟我之前没有数据判断的股指期货机构多空失衡是完全一致的,多空比是1:49,非常悬殊的比例,美国做多的机构持仓和做空的机构持仓差不多是1:1的关系,空方略多一点点,但整体是相当平衡的。这个数据很重要,说明机构交易股指期货出现了严重的多空失衡。

不只这个数据,做空持仓占总持仓比也过高达到36.57%,这个怎么理解呢?机构多和空的持仓比是1:49,这是明显失衡的,但失衡的机构持仓如果只占整个市场持仓的1%,也不会有多大的影响。

偏偏失衡的机构持仓又占了总持仓特别大的比重。

 2014 年 03 月 23 日

1974 点存在全年最低点可能性

上周五的大涨,跟收盘之后优先股的利好消息刺激有直接关系,说明市场一部分敏感资金已经提前知道了,而大部分人不知道市场为什么涨,在消息的对称上,早就是这样,很想但很难形成真正的公平。

那么好，我们就不提什么临时的消息会导致什么样的行情突变，作为一般投资者，我们研究怎么能知道比其他的投资者获取更快、更多、更准确的消息，其实是没意义的，工作量太大，难度太高，即便你用了并且因此获利，你怎么回避内幕交易的界定呢？

所以面对这种临时形成的突发情况，我们要做好两个方面的工作，事先预防和事后解决。

我在1974点的时候，曾经定义为日线的底部结构，当然那里并不算完美，三个指数之间只有深成指和沪深300指数形成了日线结构，上证指数因为没创收盘新低而没有形成，再加上1浪和3浪的下跌周期都在30多个交易日，当时15个交易日的下跌明显时间略显不足，但我给的建议是，要更加积极一些。

因为1974点那里，毕竟是有形成最低点的可能性的，上证指数创新低不论它形不形成结构，至少能够证实我们事先判断的5浪下跌是成立的，那么在5浪的中后段，本来就应该更积极一些，更何况三个指数有两个形成了日线的底部结构，当时我说就算后面还有下跌，也不过是次低和最低点的关系，扛过去就行了。

毕竟这是属于预防层面的，不能肯定。假如我们肯定后面还有下跌，自然这是不科学的，可是股市里有什么是能够肯定的呢？预防不就是提防股市来上周五这么一手吗？管你什么结构，管你周期够不够，我就突然大涨，你咬我啊？

所以在1974点的时候我就考虑到这点了，反正在5浪的中后期更积极在原则上是没什么大错误的，大家可以看图，这是一个标准的5浪结构，我们从纵向的空间来看，1浪起点到3浪终点占据了下跌空间的 9/10，3 浪终点到 5 浪终点只是全部下跌空间的 1/10。也就是说确定 5 就必须低于 3 浪低点 1984 点，而 1984 点以下的买入，都是理性的，毕竟是最后下跌空间的那 1/10 了。

时间上，并不一定马上涨，就是考虑到这一点，我近期的形容是，短期可能还有下跌，但长期我们必须积极一些，而且要下定决心。因为我知道买早一点，要比没有买到强多了。

原配图（2014032301）

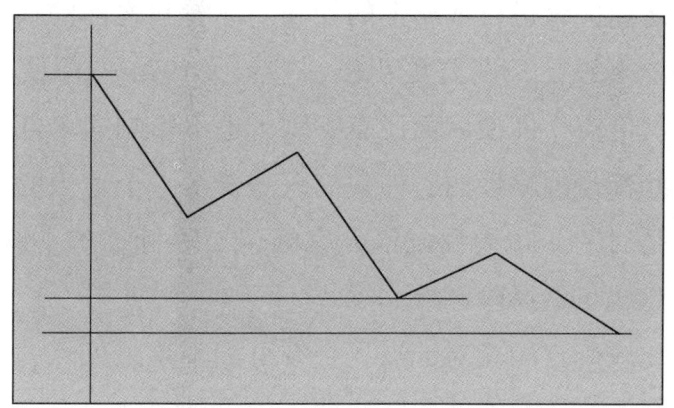

一个完整的 5 浪下跌，1 浪到 3 浪的下跌时间只占全部下跌时间的 60% 左右，也就是说还有 40% 的下跌时间是 4 浪反弹和 5 浪下跌。但 1 浪到 3 浪的下跌空间会占全部下跌空间的 85% 左右。

1974 点是 2014 年全年最低点。

十年

2014 年 03 月 24 日

趋势之下不存在踏空

这两天大盘走得比较强,所以很多人都想知道如何应对,我昨天也是给过建议的,对这个问题,我再简单地说一下。

我们之前应该进行战略上的加仓,你看我之前的描述:①即便是短期走下跌,长期要更积极一些;②1974 点即便不是最低点,也是次低点,即便后面还有下跌,也不影响这个低点的可操作性。这些都是战略性的,即我们只需要在一个适当的区域做这个事情就是对的,昨天我也给大家画了 5 浪标准的下跌结构图,空间上肯定属于低风险区域。

这些比较确定的相对低点,它有可能不是最低点,但可操作性还是很强的,而且能够预防这两天的这种突然上升。在相对低点就会比较舒服,也不要去追求最低点。从这个角度,现在空仓的人我觉得确实短期比较难办,当然这里指的是短期。

长期根本不存在原则性踏空,大家可以看我之前画的这个牛熊分界线,还远着呢。

不过在经过了这次突变之后,希望能明白,战略布局考虑的意义,它其实不是研究指数分时线是低点还是高点的,它是战略上的一种布局。拿股指期货而言,券商就是要做空的,跟股票做多形成对冲,这也是战略上的,所以我说券商并没有做错什么,只不过管理层没有考虑到,做多的机构没有发展起来,做空的比重这么大，形成对市场的重大影响。

从战略的角度来讲，仓位过轻是不可取的，毕竟这里是连续低迷之后，相对偏低的位置。还是那句话，寻找分时线相对确定的低点，更积极一些。目前大盘分时线的确定性不强，时间能解决这个问题，需要耐心点。

原配图（2014032401）

我在年初的时候说 2014 年是破熊之旅，就是要冲过这条长期下降趋势线，趋势是偏右侧的交易，结构是偏左侧的交易。

在趋势之下，是不存在踏空的，因为趋势可以作为最后防线哦。

十年

2014年03月25日

证券交易市场将掀起装备之战

前几天我写的最牛营业部专用通道打尽新股和一字涨停的那篇文章,大家还记得吧,证券、期货、外汇等电子产品的交易,在未来几年即将进入到装备之战。

美国有一家机构,为了提高速度,自己花10亿美金在两个城市之间铺一条专用光纤。

还有一家机构,根本就不用光纤,而是改用"微波"交易,速度比光纤快30%。

自动交易、高频交易模块集成在硬件里,不止是简单的GPU,比CPU运算速度提高了几倍。

美国电脑计算机群,通过云计算,已经具备智能化,自己能够自动生成最优策略。

大家做好准备了吗?

------ 作者点评 ------

我很早就看到了未来交易领域的竞争,即三个方面的竞争:先进的交易思想、完善的交易规则、强大的交易工具。

我在第一项和第二项都认为有足够的竞争力,而在第三项强大的交易工具明显感受到了短板,这也是后面我为什么收购和组建产品研发团队的主要原因，需要补短板，需要强大的交易工具。

2014年03月25日

创业板大概率怎么走？

创业板现在会大跌吗？这个问题因为我看到了最近很多人在热烈讨论，我凑个热闹吧。

说创业板问题大多都是，炒得太高了，估值太高了，等等。当然这是基于有效市场假说的基础之上的，如果市场不是有效市场，那么估值体系整个都没有意义。反过来，我们的市场如果按估值，就不应该蓝筹股持续这么跌；创业板按估值，很早很早就不该涨了。而我们看到的事实是，蓝筹股的估值失败了，创业板的估值也失败了。

去年做得最好的，就是管它什么估值，强势股、小盘股就是王道，去年做得最差的就是按估值来的。但估值体系总有一天会被"正确"的，但我认为不是现在。

这里我必须明确，之前我判断创业板是见到高点的，而且不是已经跌下来才事后诸葛的，我在周线形成顶部结构之前，在钝化的最高位提示创业板有形成高点的迹象，并且公开提示这里将是创业板周线首次形成顶部结构。但我和其他人的判断有个显著的区别，高点判定没问题，但不一定会形成大跌。

拿创业板585点低点来讲，周线上实际形成了多次的底部结构，但实际上你在首次形成底部结构的时候，那里已经是低位了，但低位不代表一定会涨。继续横了很久，然后再向下，又形成了一次低点才筑的底。

那么反过来，创业板为什么就不能形成两次或多次顶部结构呢？即便是两次或多次顶部结构，依然无法否定我之前对于创业板形成高点的判断啊。形成高点是一回事，马上就大跌那是另一回事。何况现在的速度这么快，惯性会导致可能会有一定的上升延续。

所以我的结论是，**高位横盘甚至小幅震荡向上的可能性很大，但1571点就算不是最高位，也是相对的高位，这就是之前我为什么说创业板应该适当地向中小板和主板转移的原因。**

这是战略上的，并不代表了我认为创业板会大跌，别太看空创业板，大跌的可能不是创业板，而是你的眼镜。

原配图（2014032501）

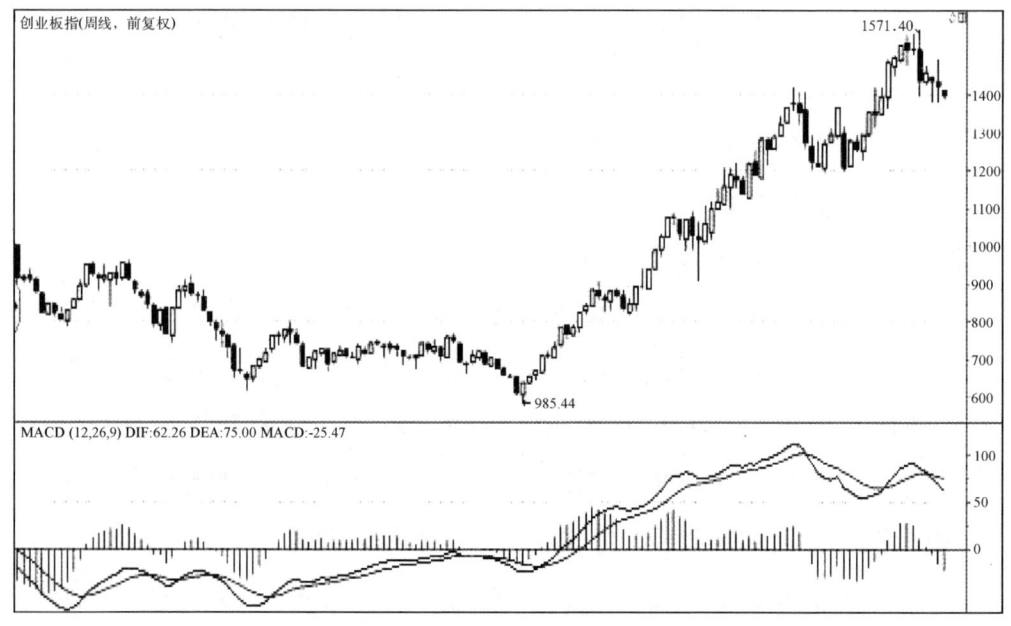

---作者点评---

创业板是主升行情，涨速很快。通常涨速快的时候，即便有调整，也是横盘为主的震荡居多，甚至不排除继续向上，构筑双重顶或多重顶。

反之也一样，快速而猛烈的下跌即便有反弹，大概率也是横盘震荡为主的反弹，甚至可能会出现继续向下，构筑双重底或多重底。

 2014 年 03 月 30 日

追求平衡

对于创业板，我还是要说一下，在几乎最高点位置的时候，我在博客里明确表示了对创业板高位的判定，常看我博客的人能够知道，之前我一直都没有提示创业板见高点，直到周线出现了顶部钝化，当时我说的一句话是，这是 585 点以来，首次出现创业板的周线级别的顶部钝化。

钝化是形成结构的必然条件，在我说之后的一周后，结构就形成了，但那个时候还没有跌破创业板指数的上升趋势线，而上周四这个一年多的的上升趋势线跌破了，周五出现了继续下跌，这是破趋势之后的一种群体反应。毕竟很多人对趋势还是看得比较重的。

我对创业板的看法是相对中性的,因为以前是看好创业板的,在周线出现顶部结构的时候,我提示了高位,我的意思其实比较明显了,重仓配置创业板的,应该向中小板和主板转移一些,君子不立危墙之下。

直到今天我依然不认为创业板指数一定会像很多人所说的出现大幅下跌,或者是跳水走势。相反,这个趋势跌穿之后,消化一下市场的利空因素,基本也就差不多止跌了。

判断高位是一回事,判断大幅下跌是另一回事。就像创业板周线出现首次底部结构的时候,距离最低点还差了半年呢,但我们不能说首次底部结构的低点就不是低点,低点和上涨是两个概念,就像现在一样,**越是太多的人看创业板要跳水、要大跌,创业板反而越可能不会这样走。**

就像 2007 年的上证指数,998 点涨的时候,到 2000 点翻一倍了,就有人提示风险了,市场上基本没有人会想到大盘涨了一倍了还会涨,涨到 4000 点的时候基本就坚信这里是高点的,遇到 2007 年 6 月的调整,更是看空一片,而市场偏偏反着走,从 4000 点又涨到 6000 点的时候,看空的声音反而少了,看到 8000、10000 点的人多了。

神奇吧,这就是我系统课里所讲的惯性思维与极限交易,极限交易最神奇的地方就是,人的承受极限一旦被冲过去之后,理性就会被感性所代替,希望就会在绝望中重生。不能理解极限交易的,都不算是成熟的投资者,因为这会是资本市场的必然,现在出现的事情,在过去已经出现,在未来还会出现。

考虑到均衡,我才建议从创业板到中小板和大盘股上适当地进行转移，我认为这是在创业板指数出现周线级别的钝化前提下相对比较安全的策略，也是**符合对于节奏的轮换，追求一种相对的平衡**。

创业板至少存在争议，这个时候，平衡的思想就会比较重要，还好，我在创业板这波最高点的时候，博客里提示创业板高点，并且明确给出这个结果的原因，周线顶部钝化，没有事后诸葛。

还有就是，蓝筹股有两个隐形利好，一个是 A 股加入新兴市场指数，可能会有 1800 亿的增量资金进行长期配置；另一个是国产版 401K 计划。因为小盘股一直表现比较强，所以应该相对敬畏市场一些，对市场保持足够的尊重。但当小盘股存在争议的时候，辨不清未来到底是大盘股还是小盘股时，追求一种平衡就是一种策略。

这样，进可攻，退亦可守，为上策。

作者点评

大家看这张图，创业板对比上证指数涨幅已经很大了，位置也很高，但我并不看空创业板指数，越是太多的人看创业板要跳水、要大跌，反而创业板越可能不会这样走。

我首要考虑了均衡配置，因为 2006 年到 2007 年的行情里，大小盘股是每隔一段时间就切换一次，大盘股涨完小盘股涨，小盘股涨完大盘股涨，没有绝对的主角，十年之后的今天其实现在也是一样的，只不过问题在于大小盘股热点切换的周期不同，有的是几天一切换，有的是几个月一切换，像 2013 年一年都没怎么切换，很少见，但终究会切换的。

后配图(2014033001)

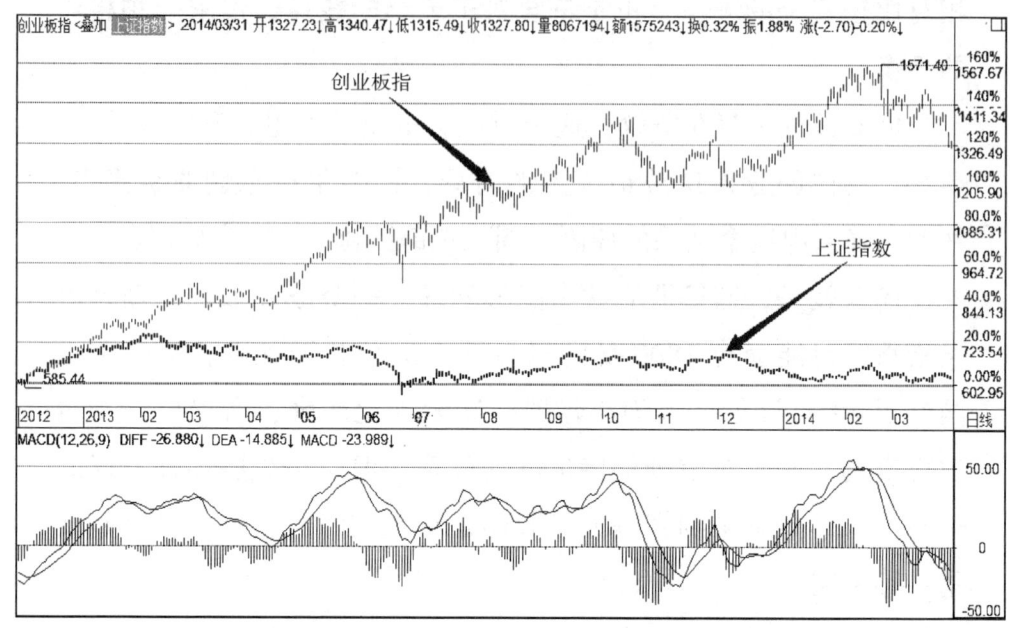

很多人看空创业板,认为涨得多了必然下跌,这个逻辑也对也不对,在整体上也许是对的,但在局部会错得很惨。我发现大多数人的观点趋同的时候,往往不对。之前我是明确看好小盘股的,但在小盘股表现得非常强劲的阶段,大盘股基本没动。小盘股从很多角度,尤其是在2014年3月份的时候,开始领跌,很多人判断为下跌的开始,建议卖掉小盘股,但我认为单纯的这种判断有一些草率。小盘股的上涨是持续了很长时间的,这会形成惯性,即大家习惯了炒作风格之后很难突然出现转变,尤其是惯性思维普遍的时候,大家都认同小盘股太高要跌了的时候,最容易出现极限交易,就是逆大多数人思维的继续上涨。

如果像大多数人建议的那样,卖掉小盘股买大盘股,会有一个风险,就是极限交易的风险,我需要建立防这个极限交易的交易意识。

大家可以假设一下，大盘股继续不涨小盘股继续疯长，一旦超过人的承受极限，你从小盘股换到了大盘股上，觉得小盘股高大盘股低，但低的大盘股就是不涨，高的小盘股一直涨，很多人会再次从大盘股换到小盘股上。极限交易就是变不可能为可能，将来一旦走这种走势，你换与不换都非常被动。

所以我开始采用平衡策略，之前都是小盘股，建议向大盘股部分倾斜，配置部分大盘股，但仍建议保留小盘股，并不看空小盘股，这在当时来讲我是深思过的，这也是最佳的策略了。

 2014 年 04 月 01 日

股市最愚人节的 5 句话

今天是 4 月 1 日愚人节，小心被你们的损友捉弄，所以还是提醒各位加倍小心。

基于此我特意总结了一些愚人节里才说的段子，常被市场奉若神明，扒一扒这些年大家坚信的股市"真谛"。

第五名：有好心态才能做好交易。

如果你听到这句话，听起来觉得有道理，但光有好心态也没有用，亏得鼻青脸肿的还嚷嚷着要有好心态，那是自欺欺人。所以正确的情况应该是：好交易在先，好心态在后，投资做得好，心态自然好，不是装得好。

第四名：涨不涨看成交量的配合。

成交量是怎么来的？因为市场关注的人多；市场关注的人为什么多？因为出现在涨幅榜上，涨幅名列前茅。所以我们看到的是，大涨的股票会上榜，上榜的股票会放量。它俩同时出现，但要搞清楚谁是原因，谁是结果。我们可以推出，凡是大涨的都放量，但我们就是不能反推，因为放量的、筑顶的可不少，你随便找只股票都能看出来。用结果来推原因，基本逻辑都有问题。

第三名：预测无用论。

我们常听到有人说："股市里千万不要预测"，但说这话的人他忘记了，他每天都在干预测的事。预测是指未来要发生的事，你买股票不就是为了未来要涨吗？你卖股票不也是为了未来要跌吗？即时的判定仍是在预测，举着红旗反红旗。

第二名：买是徒弟，卖是师傅。

除非你在卖的时候能忘记买的价格，否则你卖的怎么样关键在于你买的怎么样。如果你买得好，卖得好不好，就是赚多赚少的事；如果你买得不好，卖得再好，也就是个赔多赔少的结果。买决定和影响了卖，买又再卖的前面，当然更重要。

第一名：高抛低吸，逢高减持、逢低吸纳。

这句话是最大的骗子，但却是神回复。不管你问我什么股票，我都可以随便给你整一句，你永远挑不出这句话的毛病。比方高抛低吸，你卖了，跌了，高抛对了吧。你卖了，涨了，则解释为，让你高抛，谁让你这就卖了？这三句话，就像程咬金的三板斧，打遍市场无敌手。

------------------------------ 作者点评 ------------------------------

有些耳熟能详的"老话",你听起来是那么的有道理。

但韩寒曾经说过一句话:听过那么多道理,却依然过不好这一生。

如果你不能明辨是非,就成了听过那么多道理,却依然交易不好这股市。

2014 年 04 月 04 日

中美股指期货市场交易特点比对(证券日报)

我说的数据,就是来源证券日报的这篇文章,为了避免以偏概全,全文转载如下,大家自己看看是不是券商自营盘套保持仓占市场总持仓比例平均为 0.74% 和 36.57%?当然大家也能看出来,这篇文章明显是官方立场。

中美股指期货市场交易特点比对:

沪深 300 股指期货上市三年半以来,运行平稳规范,机构有序入市,持仓稳步增加,套期保值等市场功能逐步发挥。但基于种种因素,目前机构利用股指期货以空头套保为主。**有观点就此认为,机构正借此做空期指打压股市,将机构多空持仓结构的不均衡归罪为市场下跌的原因**。我们选取具有代表性的美国股指期货市场,对其机构投资者套保持仓结构进行剖析,总结其多空结构特征和规律，并与我国股指期货市场相关情况进行对照，努力探究根源，说明情况。

一、美国股指期货市场套保持仓结构特征

股指期货最早于1982年诞生于美国。经过31年的发展，目前，美国市场成为全球规模最大、交易最活跃、运行最成熟的股指期货市场，吸引了境内外各类投资者参与交易，成为全球典范。其中，1988年上市的E-MINI-S&P500指数期货是全球交易量最大的股指期货品种，2012年交易量达到4.368亿手，是沪深300指数期货同期的4.16倍，占2012年全球股指期货交易量的19.06%。

1. 美国股指期货套保持仓多空大体均衡，但空头略大。

2013年CFTC公布的COT报告数据显示，2013全年，纳入统计、具有完整数据的12种美国股指期货品种的多头及空头套保持仓占比均值分别为61.5%和75.5%，空头占比大于多头，套保持仓体现为净空头，占比为14.0%。其中，E-MINI MSCI EAFE、DJIA Consolidated、E-MINI NASDAQ-100指数期货净空头状态显著，占比均值分别为26.1%、26.5%和27.9%；E-MINI S&P500与E-MINI罗素2000指数期货多空套保持仓较为均衡，净空头占比均值为5.9%、5.7%；仅有日经指数期货（日元标价）多空套保净持仓为多头，占比均值为15.9%。

进一步来看，以CFTC发布的2013年12月31日的统计数据为例，上述12种股指期货品种平均多空套保持仓占比分别为62.8%和73.6%，净空头占比为10.8%。其中，11只股指期货产品套保净持仓为空头，即空头套保持仓大于多头套保持仓，只有

日经指数期货(日元标价)套保净持仓为多头；E-MINI NASDAQ-100 指数期货、S&P500 股票指数期货、E-MINI MSCI EAFE 指数期货和 E-MINI MSCI 新兴市场指数期货都呈现出显著的净空头套保持仓，占比分别达到 26.7%、25.5%、24.4% 和 20.1%；E-MINI-S&P500 指数期货多空套保持仓相对均衡，净空头套保持仓占比为 3.6%。

从以上数据可以看出，美国股指期货套保多空持仓结构特点相对稳定：一是多空持仓相对均衡，二者有所差别，但差别不大；二是净空头略大，大部分产品净空头持仓占比处于 5% 至 15% 区间之内，均值约为 10.7%；三是持仓占比较高，多空套保占比均值在 60% 以上，显示出股指期货的避险功能为广大投资者所充分利用。

2. 交易商中介、资产管理机构、对冲基金套保持仓三足鼎立，其中交易商中介以空头套保为主。

根据 CFTC 的 COT 报告，可以进一步详细分析交易商中介、资产管理机构、对冲基金等主要机构的套保持仓情况。E-MINI-S&P500 指数期货是美国最为活跃的期指产品，具有较好代表性，我们以其为对象，分析了不同业务类型机构的套保持仓数据。**统计数据显示，2013 全年，机构套保持仓达到了全部套保持仓的 90.8%，其中机构多头套保和空头套保持仓占比为 89.6% 和 92.0%**。具体来看，交易商中介多空套保持仓占比均值分别为 8.7% 与 29.8%；资产管理机构多空套保持仓占比均值分别为 52.5% 与 24.3%；对冲基金多空套保持仓占比均值分别为 21.4% 与 31.4%。

以 CFTC 发布的 2013 年 12 月 31 日统计数据为例，机构套保持仓达到了全部套保持仓的91.3%，机构多头套保和空头套保持仓占比为91.5%和91.0%。其中，机构空头套保持仓中，对冲基金、资产管理机构和交易商中介三分天下，分别占到31.1%、19.9%和31.1%，各类主要机构都较为广泛地进行卖空期货操作。机构多头套保持仓分布相对集中，资产管理一类机构占比达到52.8%，对冲基金贡献了21.7%，交易商占比仅为9.0%。

可见，不同机构因业务性质、模式不同，从而对股指期货产生不同的交易需求，进而形成不同的持仓结构特点，这是市场选择的客观结果。具体来看，一是美国的交易商中介综合开展投资和客户经纪业务，倾向于以持有大量现货资产为基础，为规避股市下行风险，进行卖出套保交易。二是资产管理机构是持有头寸，承担风险，提供相应回报为基本特征，因此是最主要的多头持仓机构，利用股指期货进行资产配置、投资替代和综合风险管理。CME的产品专家John W. Labuszewski指出，美国股指期货市场上做多策略主要就是可转移α策略以及130/30等产品。这都是追求相对收益的资产管理机构的执行策略。三是对冲基金也是善于使用多空两种手段的机构，但也具有资产管理业务性质，因而总体倾向于做空，但净空比例要远小于交易商中介。四是E-MINI-S&P500指数期货机构投资者多头套保持仓占比达到89.6%、空头套保持仓占比达到92.0%，多空套保持仓占比较高，这从侧面反映出其运行的成熟和功能发挥的充分。

3. 个别品种套保持仓持续净多头，凸显机构差异需求。

分析中所列举的12个美国主要股指期货品种中，其中11个都是空头套保持仓大于多头套保持仓，只有日经指数期货（日元标价)年内一直呈现净多头套保持仓的情况,平均来看年内多头套保持仓占比为45.0%,而空头套保持仓占比仅29.0%,多空套保持仓为净多头,占全部持仓的16.0%。回溯到2012年,结果也大体如此,当年CFTC公布的53组数据中,41组为净多头,12组为净空头,年内77.35%的时间为净多头持仓,年内套保持仓为净多头,净多头占比均值为16.68%。

其原因在于,投资者对不同产品有着不同使用目的。美国投资者以持有美国股票为主,因而通常使用美国本土的股指期货产品对冲持股风险,呈现净空头套保特征。但美国投资者持有日本股票相对较少,因而在使用CME日经指数期货(日元标价)方面,并非以卖出期货对冲所持日本股票风险为主,更多是发挥指数期货低成本的指数复制功能,通过正向持有日经指数期货(日元标价),分享日本股市成长,进行全球资产配置。这就说明,股指期货套保持仓多空结构取决于产品本身的属性、投资者的使用目的,而并无一致定论。

二、我国沪深300股指期货套保持仓特征

沪深300股指期货上市以来,运行平稳,流动性好,风险管理功能明显得到发挥,机构客户有序入市。截至2013年11月15日,股指期货市场共有机构客户190家,机构产品账户1359个,开设交易编码1848个,具体包括证券公司77家,QFII机构15家,基金公司65家,信托公司7家,保险公司2家,期货公司24家,基本除银行外,各类机构客户均已入市。机构客户日均成交1.2万手,占全市场总成交量的1.4%;日均持仓3.5万手,全市场持仓占比27.6%。从交易方式上看,机构客户参与股指期

货市场较为全面，套保、套利、投机各类交易均有参加，但以套保为主。

1. 证券公司以空头套保为主，与美国交易商行动方向一致。

截至 2013 年 11 月 15 日，境内参与套保的证券公司达 73 家，与美国"交易商中介"机构倾向做空一致，我国证券公司也是以做空套保为主。2013 年内 1 月 1 日至 11 月 19 日，证券公司多空套保持仓占市场总持仓比例平均为 0.74% 和 36.57%，期间多头套保持仓占比曾一度触及 5%。与美国交易商中介 9.0% 的多头套保持仓占比和 31.1% 的空头套保持仓占比相较，证券公司空头套保持仓占比与之较为接近、多头套保持仓占比略有不及，但套保净持仓方向并没有差别。以上数据对照说明，我国证券公司与美国交易商中介多空套保持仓结构相近，单就此类机构的多空套保持仓结构而言，总体合理。

2. 沪深 300 股指期货套保主体过于单一，持仓以空头为主。

沪深 300 股指期货自上市以来，多空套保持仓规模均显示出增长态势，其中空头套保规模增速较快，多头套保规模增长相对缓慢。这是因为尽管我国套保参与者涵盖了自然人、一般法人、证券公司、基金公司、信托公司等各类投资者，但主要的就是证券公司，套保主体单一。证券公司日均成交 4924.13 手、日均持仓 28063.45 万手，分别占到套保成交及持仓占比的 85.92% 和 89.96%，分别占市场成交的 0.57% 以及市场持仓的 21.89%。而其又以空头套保为主，这使得市场空头套保持仓总体相对较大。

3. 资产管理类机构参与乏力，限制多头持仓增长。

股指期货是一个低成本、高效率的指数复制工具，投资者可借助其通过对冲等方式，来有效管理风险。在美国，大量资产管理机构持有期货多头，进行投资替代，将股指期货大量设计和应用于理财产品结构之中。资产管理机构是多头套保的主力军，持仓占比超过50%。而在我国，尽管机构账户类型较为丰富，机构产品账户包括证券自营72个，证券资管产品304个，QFII客户16个，基金产品540个，信托计划128个，保险产品9个，期货资管产品290个，但证券自营规模较大，资产管理机构参与不足，对市场多头套保持仓影响有限。

促使资产管理机构未能充分参与股指期货多头套保交易的原因很多，一是目前部分资产管理机构前期发的理财产品，其合同未将股指期货纳入投资标的。此类机构想要参与股指期货，必须召开持有人大会来修改合同。鉴于难度和成本考虑，修改合同的可能性很小，机构基本只有等到新发产品时，在合同里将股指期货纳入投资标的才会参与；二是公募基金类的资产管理机构受到"10%"限制，即买入股指期货合约价值不得超过基金资产净值的10%，这意味着公募基金只能利用股指期货多头套保功能进行部分现货替代，大大限制了机构的积极性；三是部分机构交易，如基金专户、证券及期货资管等，选择以投机账户但实际从事套保交易，客观上也降低了多头套保持仓量；四是部分资产管理机构对套保认识不足，习惯于空头套保以规避下行风险的思维，而对多头套保功能重视不够；五是相较证券公司，资产管理类机构人才储备与产品研发不足。国内证券公司较早就积极组建股指期货研发团队，培养领域人才，而资产管理机构在这方面起步较晚，人才的匮乏成为其参与多头套保业务的瓶颈。

4. 中金所套保制度全面容纳、支持甚至鼓励多头持仓，积极促进多空结构全面均衡发展。

从商品期货到金融期货，从传统的套保方式到现代金融的多样化交易策略，套保涵义和认定标准也在逐步发展。随着金融期货的上市，套期保值在传统的"善意套保"基础上，进一步拓展增加了"风险管理头寸"内容。1987年9月，CFTC发布了《金融期货套期保值条款扩展指引》，明确规定使用金融期货进行风险管理，可以申请和获得投机持仓限额豁免。

目前，中金所套保制度完全涵盖、积极支持多头套保交易。一是当前认定的套保交易策略类型涵盖投资替代、风险对冲、风险管理以及交易所认可的其他风险管理需求。其中，"投资替代"需求包括基金产品面对客户申购建仓，有明确配置策略的产品持有期货以替代现货持仓等；"风险对冲需求"包括客户持有现货时通过期货对冲市场风险，融券对冲需求，市场中性策略等；"风险管理需求"包括多空份额产品的风险管理需求，杠杆ETF风险管理需求，期权复制策略等。就目前情况来看，上述政策内容已经能够充分满足客户各类套保交易需求。二是在申报流程上，已提高套保申请的便利程度和加快审批速度，简化同一投资者多项套保业务的申请过程，实行灵活的申请程序。三是在兼顾风险防范与市场效率的同时，加强对套保已发放额度的持续、动态管理与跟踪服务，重点关注会员、客户的套保交易、额度使用等情况，并根据相关情况定期调整其可使用的套保额度，加强套保动态管理。

三、中美股指期货套保多空持仓对比研究总结

以上数据分析表明,美国主要股指期货产品套保持仓多空均衡的背后,是多样化的机构投资者群体,及其对股指期货产品功能的深刻认识和充分运用。反观我国股指期货市场,参与套保交易的机构投资者类型单一,且对股指期货产品功能运用也局限在卖出套保的层面上,买入套保等功能运用不足,总体上反映出市场的成熟完善,投资者对产品的深刻认识,都还需要一个过程。

第一,在美国成熟的股指期货市场,套保持仓多空力量较均衡,但机构投资者卖出套保量还是要持续稳定地高于买入套保量,市场呈现出净空头套保持仓。这说明了两点,一是股指期货是一种低成本、高效率的指数复制工具,反向持有可以对冲避险、实现保值,正向持有可以配置资产、替代现货,因而有机构进行卖出套保,也有机构进行买入套保,多空力量较为均衡。二是美国成熟的股指期货市场上套保持仓仍是持续净空头,充分说明股指期货的主要功能,即正向持仓的有关功能尚属于"锦上添花",而反向持仓的避险功能则是"第一无二",投资者实际上普遍持有现货资产,因而客观产生更为强烈和明显地规避股指下行风险的需求,从而使得股指期货更容易体现为风险对冲工具。

第二,我国证券公司与美国交易商中介业务相近,类型大体一致,二者的股指期货多空持仓结构也比较接近。这说明,一是我国证券公司准备充分、介入较深,在股指期货上市初期就积极参与交易,通过长期的交易积累,其股指期货业务类型

和交易模式已较为成熟。目前，参与股指期货业务的证券公司达到77家，其中参与套保业务的73家，行业内大部分证券公司，尤其是规模较大的证券公司都已经参与。二是证券公司（美国的交易商中介）参与股指期货市场的首要目的都是对冲现货风险，因此套保持仓以空头居多。这是市场客观条件及其套期保值为主的交易模式决定的，是保持资产价值稳定、防范股市下跌风险的保护措施，不存在恶意做空的问题，更不是股市下跌的原因。

第三，尽管交易所套保政策全面支持多空各类策略，但受限于其他种种因素，我国资产管理机构参与股指期货乏力，从而限制了多头套保持仓的增长。在美国，此类机构是开展多头套保业务的主力，其在市场上进行大量的买入套保，对多空套保持仓平衡发挥了重要作用。在我国证券公司参与已经相对比较充分的情况下，进一步拓展股指期货持仓规模、促进市场功能发挥，需要重点吸引和满足资产管理类机构参与。

市场不会自动存在。一个期货产品要获得成功，科学严谨的产品设计是前提，充分到位的宣传教育培训非常重要，交易所要勤吃喝，要"大声说、主动说、反复说"。股指期货上市仅三年半，成长、成熟的道路还很漫长。中金所将下大力气加强业务宣传教育，重点做好套保业务的宣传讲解工作，努力与各方一道不断加深对产品、业务及风险的认识和掌握。同时也将积极配合相关监管部门根据当前市场运行及机构参与情况，在条件成熟时有区别、有针对地调整机构参与政策，完善机构参与环境。值得欣慰的是，目前已有一些机构开始积极探索多头套保交易。相信随着更多各类投资者在相关政策的规范和引导下有序入市，机构投资者群体将更加多元化、更加均衡,我国股指期货市场的功能发挥将更加全面、更加充分。

原配图(2014040401)

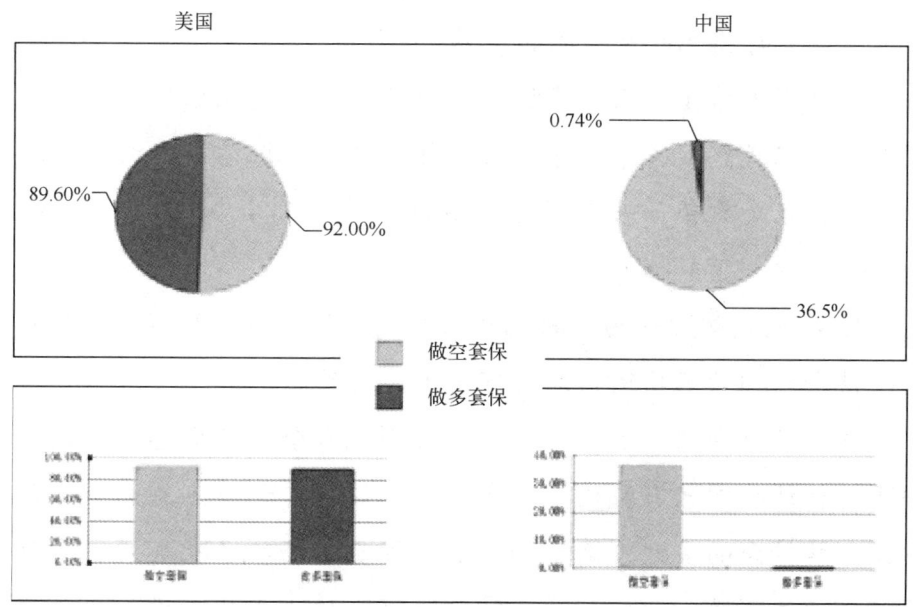

2013年股指期货中美机构套期保值多空数据比较

---------------- 作者点评 ----------------

前文曾经说过,我一直想要的机构交易国指期货的多空数据,就是这篇文章里披露出来了,然后我突然发现这篇很少深度的《证券日报》的文章,我强调了数据之后被删了,全网几乎都找不到这篇文章了。

还好我保存下来了,就发在我的博客里,你总不能跑来删我个人博客里的内容吧。我对各方其实并无敌意,只不过我看到了

十年

一些问题，提出来希望能够改善，或让大家看到朝着改善的方向前进。那一阵子也挺逗的，《证券日报》《期货日报》《上海证券报》《证券时报》轮换着很有针对性地批评我的观点，但在批评我的观点的过程中，经常会给我一些我特别想要而又得不到的数据。所以他们发一篇，我就反驳一篇；他们再发一篇，我就再反驳一篇。然后得到了更多数据，哈哈。

我特别不希望别人把我的建议断章取义，我也从不断章取义别人，所以我整篇文章一字不落地转载过来，坦荡、全面呈现给所有人，只是希望如果大家深读这篇文章，你会知道以下几点，特别要注意一下数据：

1. 有观点就此认为，机构正借此做空期指打压股市，将机构多空持仓结构的不均衡归罪为市场下跌的原因。

这句话说得很明显，我前文还自嘲过有个王二蛋总是盯着这件事，估计全国只有我这个观点强烈。但这句话有点冤枉，我说的是机构持仓的多空失衡影响了股指期货市场的多空环境，导致股指期货的下跌，股指期货又带领股市下跌。我从未说过机构借此做空期指打压股市，从未说过这种话。

机构没有做空的主观故意，但机构的持仓失衡改变了多空环境，你不杀伯仁、伯仁却因你而死。

2. 美国股指期货套保持仓多空大体均衡，但空头略大。2013年全年，纳入统计、具有完整数据的12种美国股指期货品种的多头及空头套保持仓占比均值分别为61.5%和75.5%，空头占比大于多头，套保持仓体现为净空头，占比为14.0%。机构套保持仓达到了全部套保持仓的90.8%，其中机构多头套保和空头套保持仓占比为89.6%和92.0%。

大家注意这个数据，机构套保多头和空头持仓比例为89.6%和92%，61比75是1∶1.23。即我说美国机构间股指期货多头和空头总体是平衡的，这句话基本证实是正确的。

这里有个细节大家要注意，净空头14%这句话是有前提的，61%和75%是净空14%，但多空比也接近于1比1。可是1%和15%也是净空14%，但多空比是1比15，差了15倍。

3. 2013年1月1日至11月19日，证券公司多空套保持仓占市场总持仓比例平均为0.74%和36.57%，期间多头套保持仓占比曾一度触及5%。美国交易商中介是9.0%的多头套保持仓和31.1%的空头套保。

这句话是类比从机构属性来看，证券公司（我国的交易中介）和美国交易中介都是空头套保持仓大幅领先多头套保持仓。这点我认可，但不能看比例，我们这的多空比是1比49；美国是1比3.5哦，也差了近15倍。

4. 沪深300股指期货套保主体过于单一，持仓以空头为主。多空套保持仓规模均显示出增长态势，其中空头套保规模增速较快，多头套保规模增长相对缓慢。

这句话其实是核心，上面说美国机构套保整体是1比1平衡的，机构的一个部分——交易中介机构是空头套保明显占优的，那么就是说其他机构多头套保明显占优的。

而我国股指期货的确出现了机构的多空失衡，主要原因在于原本就空方占优的证券公司发展过快，而比例过于悬殊，原本多方占优的机构又发展缓慢，失衡是因为快慢造成的。

5. 中金所套保制度全面容纳、支持甚至鼓励多头持仓，积极促进多空结构全面均衡发展。

看到这句,我都快哭了。

后来跟中金所尽释前嫌也是因为中金所确实为平衡而做了很多的努力,让我感受到了满满的诚意。

十年后的今天,再次提起这件事的时候我为中金所说几句话。如果提前想到了"平衡"这两个字,其实很好解决,没有发展起来那么多的做多套保,就不放开那么多的做空套保,多空比例可以参考美国。当发现机构多空失衡的时候,其实已经很难处理了,机构已经大量做空,做多的机构没有培养和发展起来。

中金所作为交易所,只能引导做多不能强制做多,要不然作为交易所的公平性就无从谈起了。但,并不是你引导了,人家就去做多的。

这是一篇很有深度的好文章,虽然有一点官方立场,但我能理解,我也不在乎。所以我说这是本书的第一个高潮部分,通过阿甘式的不懈努力,中金所和相关部门开始注重"平衡"这两个字的重要性。

我尽到了一个市场人士对这个市场应有的担当。

2014 年 04 月 07 日

互联网泡沫是很坚强的

今天是周一,因为清明节的关系国内股市不开盘,香港股市则出现了科技股的下跌,尤其是网络巨头腾讯,更是一度跌幅超过了 5%，很多人讨论是不是互联网的泡沫又将像 2000 年那样，出现危机呢。

泡沫，只有在爆裂的时候，才能证明它的存在，之前我们是感受不到、触摸不到的。就像房地产的泡沫，我们相信它是存在的，但至少存在 5 年了，并且一直还存在着。但我相信泡沫一定会爆裂的，这是经济的必然结果。只不过我认为相对房地产来讲，互联网的泡沫要"坚强"多了。

因为我们已经无法阻止互联网给我们带来的巨大的改变，并且渗透到我们生活的每一个角落，它不仅在改变我们，也在改变世界。对于未来来讲，很多大型的基金公司、资产管理公司，都会要战略性地配置一些互联网概念的资产，那代表了未来。所以**我认为，香港网络科技股的回调还是暂时的行为，难改长期向上的趋势**。

当然这并不代表国内的科技股，国内的科技股确实很少出现像腾讯、百度、阿里巴巴、360 等优秀的公司，好公司都跑国外去上市了，虽然很多人为此拍手称快，圈老外的钱是本事，可是呢，这些个好公司还真不是圈钱的，它们真能够给投资人带来长期的回报。

我们不就是希望我们的股市能这样吗？在绝大多数的时间里，让绝大多数的人能够容易获利，美国、欧洲都知道这个道理，2008 年金融危机之后，已经恢复甚至超过了之前的高点，对市场强大的信心，导致源源不断的资金流入，源源不断的资金流入又导致上涨，带给市场以信心。良性循环嘛。

所以，前证监会主席周正庆先生提出的慢牛思维，是非常具有大智慧的，希望我们能够在战略上好好想想美国欧洲的这种缓涨急跌、长涨短跌的意义所在。

------------------------------ 作者点评 ------------------------------

腾讯的股票成为了最近十年中国最牛的股票之一，复权之后从 2009 年的 2.9 元涨到了 2018 年初的 475 元，九年涨了 160 倍。

2014 年 04 月 09 日

深成指周线级别底部

白天因为一些事情，所以很晚才写这个博客，抱歉。今天给大家做大周期时间量化分析，以深成指为标的，如图。

1. 2010 年 11 月 12 日为起点，大的浪型可以看做是 3 浪下跌，第一浪为 2010 年 11 月 12 日的 13936 点到 2012 年 1 月 6 日的 8486 点，共用时 60 个周期（周线）。之后二浪反弹（55 个周期）到 2013 年 2 月 8 日 10057 点，然后再下跌到 6959 点，共用时 58 个时间单位。也就是说每 60 个周线基本就是一个大周期的转换，从这个角度来讲，这里有大周期走上升趋势的可能性，即牛市起点。

2. 上面说的 2013 年 2 月 8 日 10057 点至今的大 3 浪下跌，又可以细分为小三浪下跌，分别是 2013 年 2 月 8 日 10057 点至 7

月 19 日共 22 个周期，10 月 18 日到今年 3 月 28 日共 24 个周期，也代表了小周期也达到了一定的对成性，即短期下跌周期走结束的可能性也很大。

原配图（2014040901）

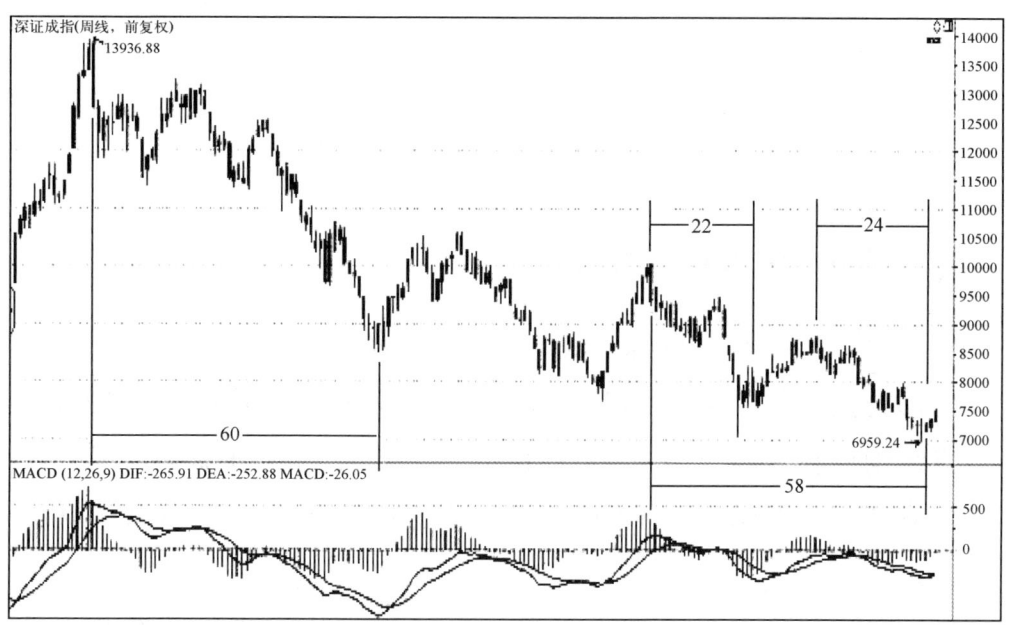

3. 值得注意的是，无论上面两种可能，大 3 浪下跌还是小 3 浪下跌，速度上都是 3 浪比 1 浪慢，即速度明显减弱，这种情况下，后面多没有 5 浪。

4. 空间上 13936 点的一半即 50% 是 6968 点，这里的最低点 6959 点是非常契合的，空间上也会有自然而然的作用力。

结论：别小瞧这里，理论上是有筑大底的可能性的，周线级别哦。

十 年

作者点评

图里的 6959.24 点已经是深成指最低点了，2009 年以后的近十年最低点，2015 年 5178 点牛市起点，这不是事后诸葛，我是在 2014 年 4 月写的。

✅ 2014 年 04 月 13 日

我在上周的周四操作策略和周五操作策略里，重点分析的都是大周期，**我认为这里是有大周期上涨的基础的，即周线级别的较大行情，初步预计为 50~60 周的上升周期，算下来应该有一年多一点的上升周期，这在过去的 5 年里从未出现过。**

当然我只是从时间、空间以及速度结构上进行的分析判断，未来是有不确定性的，至少这种可能性我认为是非常大的，上周四和周五的博文发得比较晚，很多人没有看到，我建议没看的再去看看，因为我很久没有做大周期分析了，主要原因是我没有找到比较靠谱的有概率支持的大周期点，但这里算一个。

上周四晚，美股大幅下跌，我也没有因此而看空 A 股，周五一早发的文章其实也是这个意思，对于大周期的分析，我在这里连说三天，基本差不多了，后面还会继续做小周期及分时线的即时性分析。

后配图(2014041301)

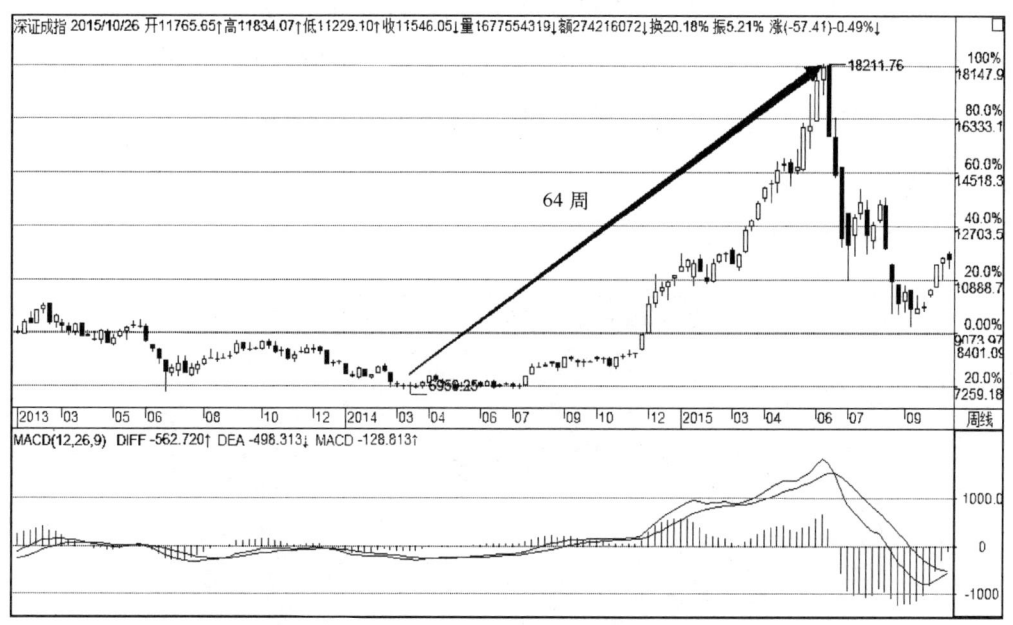

---作者点评---

我在 2014 年 4 月判断有 50~60 周即一年多的上升,实际后面上涨了 64 周,这也不是事后诸葛哦。

✅ 2014 年 04 月 22 日

美国是否期指带领股市?

首先,1992 年 4 月 13 日由于交易所系统故障盘中暂停了标普指数期货交易,结果道琼斯随后几乎走成直线,见原配图 1。

其次，我们从国泰君安的衍生品研究报告里，找到了这方面的研究，如原配图2至原配图4，国外的大量事实证明，无论是美国、欧洲还是亚太，期货大都领先现货，即对现货起到带领和影响的作用。同时打开两台电脑，从盘口上也能明显看出期货带领现货。

原配图1(2014042201)

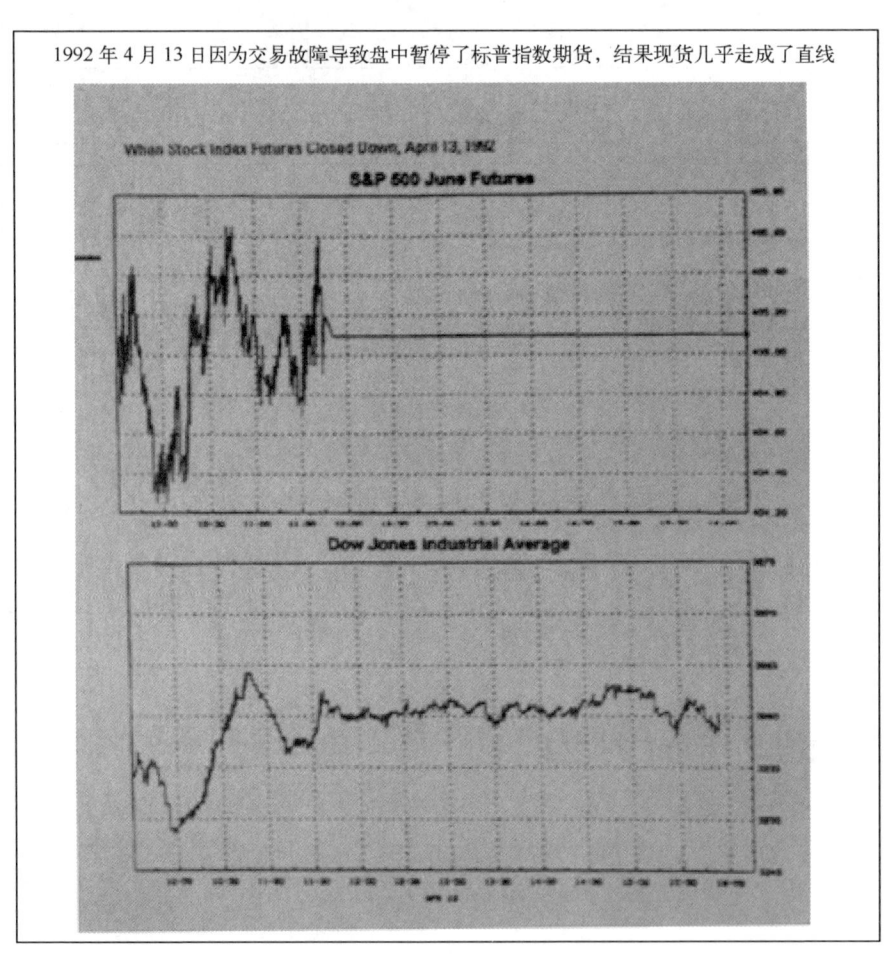

1992年4月13日因为交易故障导致盘中暂停了标普指数期货，结果现货几乎走成了直线

原配图 2(2014042202)

表1 美国市场主要研究文献：大多表明期货领先现货

	发表时间	作者	标的指数/期货	数据采集	结论	研究方法
期货领先现货	1988	Kawaller, Paul Koch and Timothy Koch	S&P 500	1984-1985 每分钟	期货领先20-45分钟；现货领先少于1分钟	多元回归、三阶段最小二乘法
	1989	Harris	S&P 500	-	期货领先现货	通过菜美来研究股指期货和现货市场之间关系
	1990	Stoll and Whaley	S&P 500 MMI	1982/4/21-1987/3/31 每5分钟	期货领先5-10分钟；现货对期货影响不大	ARMA、多元回归
	1990	Cheung and Ng	S&P 500	1983-1987 每15分钟	期货领先至少15分钟	-
	1991	Kutner and Sweeney	S&P 500	1987/8-1987/12 每分钟	期货领先20分钟	时间序列分析
	1992	chan	S&P 500 MMI	1984/8-1985/6、1987/1-1987/9. 每5分钟	期货领先现货迹象明显；期货时市场信息反应更快	多元回归、AR
	1996	Fleming, Ostdiek and Whaley	S&P 500期货 S&P 100 期权	1988/1-1991/3 每分钟	期货领先现货5分钟，现货期权无反馈；期权引导现货五分钟；期货领先期权	多元回归、ARMA、GMM
	1999	Chu and Gideon Tse	S&P 500	1993/1/29 起一年日内数据	期货市场具有价格发现功能；期货、现货、S&P存托凭证三者价格有长期协整关系	协整、共同因素分解、VECM
现货领先期货	1993	Wahab and Lashgari	S&P 500	1988/1/4-1992/5/30 日数据	现货领先期货	MA、协整检验、ECM

原配图 3(2014042203)

香港期权价格变动领先期货，期货领先香港期权，期权领先于现货。

表2 欧洲市场主要研究文献：大多表明期货领先现货

	发表时间	作者	标的指数	数据采集	结论	研究方法
期货领先现货	1994	Grunbichler, Longsatff and Schwartz	DAX 30	1990/11-1991/9 每5分钟	期货领先15-20分钟	-
	1994	Martikainen and Puttonen	FOX	1988/5/2-1990/3/31 每5分钟	期货领先现货	Granger检验
	1995	Abhyankar	FTSE 100	1986-1990 每小时	期货领先现货	EGARCH
	1996	Shyy, Vijayraghavan and Scott-Quinn	CAC 40	1994/8/1-1994/8/23	期货领先现货	Granger检验、ECM、GMM
	1998	Abhyankar	FTSE 100	1992 年 4 个合约 每分钟	期货领先现货5-15分钟	ARMA、EGARCH、Granger
	2001	Gwilym and Buckle	FTSE 100	1993/1/4-1996/12/31 日高频数据	期货、期权领先现货	多元回归、ARMA
现货领先期货	1993	Wahab and Lashgari	FTSE 100	1988/1/4-1992/5/30 日数据	现货领先期货	MA、协整检验、ECM

数据来源：国泰君安证券研究所

十年

原配图 4(2014042204)

国泰君安证券 衍生品研究

表3 亚太市场主要研究文献：大多表明期货领先现货

发表时间	作者	标的指数/期货	数据采集	结论	研究方法
1994	Chun, Kang and Rhee	日本 NSA	1988/9-1991/9 每5分钟	期货领先现货20分钟，现货领先15分钟(在现货成交量极大时)	-
1995	Tse	NIKKEI 225	1988/12-1993/1 日数据	期货领先现货	ECM
1996	Iihara, Kato and Tokunaga	日本 NSA	1989/3-1991/2 每5分钟	期货领先现货20分钟	AR, GARCH
1998	吴易欣	SIMEX 摩根台指	1997/3/1-1998/3/18 每5分钟	期货领先现货	Granger检验
1999	Min and Najand	KOSPI 200	1996/5/3-1996/10/16 每10分钟	期货领先30分钟	SEM, VAR
2000	Frino, Walter, West	澳大利亚 AOI	1995/8/1-1996/12/31 每分钟	期货显著领先现货，领先滞后关系受宏观经济和个股信息释放的影响	ARMA, 多元回归
2001	Chiang and Fong	-	1994/1-1994/9 每5分钟	期货领先现货	AR
2002	Poope, Zurbruegg	TAIFEX 台指，SIMEX 摩根台指	1999/1/11-6/30 每1、5、10、60分钟	新加坡市场对信息的反映领先于台湾本土市场	Johansen协整，ECM, Granger
2004	Ryoo and Smith	KOSPI 200	1993/9/1-1998/12/28 日数据 1996/5/3-1998/12/28 每5分钟	期货显著领先现货，现货领先期货不明显	GARCH, ECM, ARMA
2004	Raymond W. so and Yiuman Tse	HSI	1992/11/12-2002/6/28 每分钟	期货领先现货，现货领先基金，波动性会从期货市场溢出到现货市场	协整, M-GARCH

期货领先现货

- - - 作者点评 - - -

这篇文章是说不只是国内市场股指期货带领股市，国际市场也是这样，美国也是一样。

我不在乎股指期货带领股市，我在乎的是怎么总向下带领。

有人说，后面马上就要大涨了，谁说总向下带领？2014下半年开始的上涨到5178点的井喷，是由更大的失衡即杠杆失衡导致的，并最终引发股灾，后面我会有详细论述。

2014 年 05 月 05 日

单阴测底谈指数

先说创业板指数,我在之前给大家做过一个空间定量,大家还记得吗?原文如下:而我们再看创业板的日线,我用空间"单阴测底"的定量分析,取最高位置的大阴线,用它收盘价格的平方,除以它前一个交易日的收盘价格,再除以 1.1,得到 1279 点,即创业板的空间也快到了。

这个方法叫做单阴测底,当然我 2008 年写《数字化定量分析》的时候,还没有研究出单阴测底,只是研究出单阳测顶。公式也进行了大量的改进,目前是:

单阳测顶:$A = C \times C / C1 / 0.9$

单阴测底:$A = C \times C / C1 / 1.1$

式中,A 为本轮行情的位置;C 为特征大阳线或特征大阴线的收盘价格;C1 为特征大阳线或特征大阴线前一个交易日的收盘价格;0.9 和 1.1 是基本震荡因子。

当然我在系统课里讲解得更详细。

这样我们用创业板进行单阴测底,就得到了 1279 点,而上上周,我说全面看多创业板指数也有这个因素,当然更重要的是日线结构。

对于创业板结构,严格意义来讲,今天收盘的时候,日线结构已经形成,这个结构很脆弱,因为之前低点的 DIF 值是 -32,

原配图（2014050501）

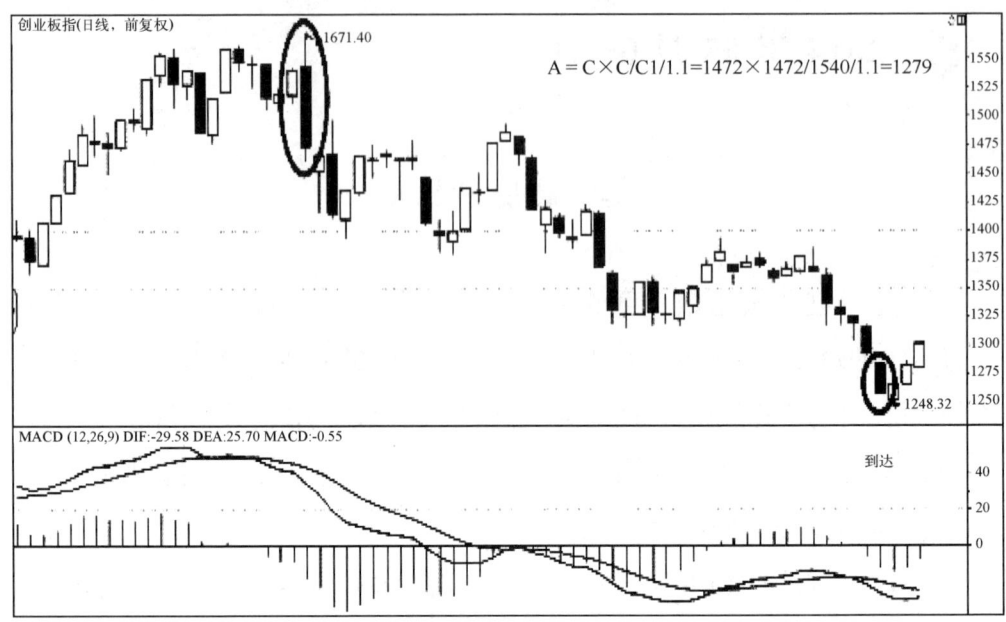

原配图（2014050502）

这里最低是-31。我之所以谨慎看多，就是因为这个结构很脆弱，但我知道空间上是差不多了的，单阴测底的数字。

我们再看上证指数，用同样的方法，能得到一个见了鬼的数字：1974点，不多说，直接上图。

+-+-+-+-+-+-+-+-+-+-+-+-+-+-+-+ 作者点评 +-+-+-+-+-+-+-+-+-+-+-+-+-+-+-+

单阳测顶和单阴测底之前也讲过，是在《数字化定量分析》中的空间定量方法，我有一些纯数字运行规律的方法，包括前期的123求4和后期的九转序列。

除了神奇，你还愿意去相信什么！

+-+

2014 年 05 月 21 日

交易的核心竞争力

我常跟学员说要去思考一个问题，当我们进入到这个市场里来，就会遇到最凶猛、最专业、最精明的头脑的较量，我们应该去思考一下，我们凭什么会胜出。

不仅是在证券市场，在任何行业都存在这个核心竞争力的问题。

打个比方，002190成飞集成获得注资158亿军工资产导致大涨，这个连普通的投资者都能分析出来。但这个上涨，你会拿到吗？又凭什么是你？

有两种方式：一是违法的但是常见的，就是这么大的事，肯定会有人先知道，也就是我们常说的内幕交易。前些天几个知名基金，反复踏准重组股的步伐，我在博客和微博都说了，很多资金的主要获利方式，说白了就是内幕交易。

你有内幕吗？你能拿到内幕吗？听别人的小道消息算内幕吗？看F10算内幕吗？你走得了这条路吗？内幕交易是有责任的，你的资金能匹配你的内幕交易收入吗？你的收入值得冒这个险吗？

还有一种方式是不违法的，就是装备的竞争。不用看了，002190成飞集成所有涨停上卖出的都是不太懂市场的，他们没有竞争力，市场里到处都是唐僧肉，但吃到肉的，唯有华泰证券，为什么？不信大家明天看002190的交易龙虎榜。

一字涨停的，包括新股当天涨停的，别的证券买不进来，华泰能买进来，这就是作为证券公司的核心竞争力。我们姑且不去讲它是否正当，但你会发现，基本这样的都被华泰证券承揽了。大家看看过去两天的龙虎榜，华泰证券下面的证券公司，你们没有华泰这么强的交易通道也就算了，为什么不在其他方面提升一下竞争力呢？

交易工具的提升，也是我要说的核心竞争力。

原配图(2014052101)

【交易日期】2014-05-20 连续三个交易日收盘价涨幅偏离值累计20%
涨跌幅:0.00% 成交量:76.00万股 成交金额:1354.00万元

买入金额排名前5名营业部		
营业部名称	买入金额(万元)	卖出金额(万元)
华泰证券股份有限公司上海静安区威海路证券营业部	922.31	0.00
华泰证券股份有限公司上海武定路证券营业部	431.23	0.00
卖出金额排名前5名营业部		
营业部名称	买入金额(万元)	卖出金额(万元)
中信证券股份有限公司成都玉林北街证券营业部	0.00	239.52
中国银河证券股份有限公司广州环市东路证券营业部	0.00	71.81
浙商证券股份有限公司福州华林路证券营业部	0.00	68.35
招商证券股份有限公司杭州文三路证券营业部	0.00	53.92
中国银河证券股份有限公司兰溪三江路证券营业部	0.00	36.68

原配图(2014052102)

【交易日期】2014-05-19 当日涨幅偏离值达7%的证券
涨跌幅:10.03% 成交量:26.00万股 成交金额:431.00万元

买入金额排名前5名营业部		
营业部名称	买入金额(万元)	卖出金额(万元)
华泰证券股份有限公司上海武定路证券营业部	431.23	0.00
卖出金额排名前5名营业部		
营业部名称	买入金额(万元)	卖出金额(万元)
浙商证券股份有限公司福州华林路证券营业部	0.00	58.35
华泰证券股份有限公司郑州王凤路证券营业部	0.00	26.67
华西证券有限责任公司深圳民田路证券营业部	0.00	18.84
华泰证券股份有限公司兰州酒泉路证券营业部	0.00	16.00
国泰君安证券股份有限公司重庆民生路证券营业部	0.00	15.82

> **作者点评**
>
> 根据价格优先和时间优先原则,来抢买不进来的股票,这个方面有人已经做到了极致,我们不应该追求这个,但我要证明交易工具的提升,对交易竞争力有全面的提升作用。

2014 年 05 月 26 日

浅谈三大理论

艾略特先生提出波浪理论,历来就争议很大,当然最大的争论在于千人千浪,以及他并没有经历过实战交易。尽管我有时候在讲艾略特波浪理论的时候,也并不建议对于浪型的画法进行过多的延伸,因为就方法而言,我们只能是取其精髓,越是简单的方法越有效。然而很多人把艾略特波浪理论贬的一文不值,但**在市场的洗礼下能够这么多年经久不衰,就已经证明了其理论的价值**。除非我们已经成为巴菲特或索罗斯,否则我们就没有理由去批判波浪理论。

经典之所以被奉为经典,是因为其经过了时间的传承。就我自己本身而言,在技术分析领域也算是新派的,但我绝没有不尊重经典。在我的高级课程里,我讲了很多新派的知识体系,但还是拿出了一大章节来讲经典理论和形态,我甚至把一些常见的思路和方法，进行了量化，以验证它们的存在，这是一种新老的结合。

江恩、波浪都是比较难量化的，尤其是江恩特别晦涩难懂，但我常用到的也有很多是江恩的东西，比方说单阴测底和123求4，它们是纯数字运行规律，自然是更倾向于江恩体系的。浪型划分的部分当然是波浪理论了，我只是用最基础的波浪划分。**道氏理论告诉我两点：①趋势一旦形成即将延续（但我发现趋势比较慢，我把趋势多数作为最后的防线）；②各指数之间和各周期之间最好要相互印证。**

再加上结构的定量，我觉得三大理论完全可以判断好大盘。

可是股票的核心其实不仅在于大盘，也在于选股，因为股票越来越多了，跑赢大盘是最起码的要求。

就选股的重要性而言：第一是选股思路；第二是如何得到选股结果；第三是选择符合你的。

就第一个环节而言，你实在没必要去自己研制，因为你研制的选股策略，未必好用。我在选股上，主要有三种思路，我认为这三种思路够大家用了。一个是选强势股的，用于上升趋势；一个是选调整股的，用于上升途中的调整；一个是选抄底股的，用于下降趋势。这三个即可。

但这三个我都选取了国外的知名交易思想，强势选股用的是最知名又通用的突破策略，弱势选股则主要来源于著名的格兰维尔八大法则里面的其中两个。

十年

作者点评

关于三大理论,在我的培训课里所讲的我认为是简单又实用的,我把它录制成了系统课,供学员当做基本功来学习。但更深刻的理解,并不是在听完之后马上就能形成的,这需要时间的积累。

2014 年 05 月 28 日

熊市求生存,牛市求发展

从交易而言,化繁为简的一句话就是:牛市求发展,熊市求生存。首先我们要判断现在是牛市还是熊市,如果判断为熊市,那么生存才是最重要的,战略布局上要考虑仓位,研究防御型的品种、左侧交易选股等。

我认为目前应该为熊市末期,但不管怎么样,也是属于熊市的,我们还是应该以防御为主,想办法在这最后的熊市里生存下去,你只要能坚持度过这个最后的黑暗时期,基本上你就胜利一半了。

在选股上,应当更多地倾向于左侧交易,逢低买。市场的活跃度本就不很高,所以左侧买入的风险相对要小,这种策略可以帮助你到达牛市的初期。

而到了牛市的初期之后,进入到上升的中期和后期,那个时候就不能太保守，你选择补涨的或普涨的股，明显要弱于领涨的股票的。所以，核心要马上把它转过来，牛市要求发展，太保守的思维方式要不得，当然也包括左侧的选股和交易方式。

牛市要做强势股，突破的股，热点股，右侧交易，要追涨，看谁更快，资金效率为王。

基于这个大的思路，大家可以去想想，未来应该怎么做，我觉得整体上不会有太大的偏差，而这些**核心就是一句话，熊市求生存，牛市求发展**。

---- 作者点评 ----

熊市求生存，想办法活下去，首要任务是活下去。

牛市求发展，想办法做最好的、最强的股票，首要任务是提高资金效率。

2014 年 6 月 26 日

新股发行重启

今天是 IPO 重启首次新股上市的日子，我还是说说新股发行吧。

我很想说的是，新股发行的各项制度，出现了很大的问题。下午时看到媒体说，香港上市 3 只股票，里面还有破发的，美国新股也就上涨 10%~20%，唯有 A 股，首日大幅上涨。

请问，首日大幅上涨就那么值得高兴吗？我提出几个不同的观点。

大家请看图片，拿今天涨幅第一的 N 龙大为例，封单量 136 万手，相当于 1.3 亿股买入，而其流通盘才 5 千万，相当于两倍流通盘的资金买这只股，说明什么？第一、是市场没信心，明明知道买不进来，就算在这排队，也不买其他股票。第二、盘中停盘制度引发市场追涨气氛，很多资金明知道买不进来也要在这排队，就是为了吸引更多的买盘。第三、这部分资金估计有很大一部分是中签的，没有卖出量却有大量堆买的，说明他们不是不想卖，而是想卖的更高，贪婪。

原配图（2014062601）

统计		002726 N龙大		
44.02%		委比 100.00%	委差	137.4万
37.74%		卖五		
31.45%		卖四		
25.16%		卖三		
		卖二		
18.87%		卖一		
		买一	14.10	1363048
12.58%		买二	14.09	8782
		买三	14.08	1471
6.29%		买四	14.07	489
		买五	14.06	360
0.00%		现价	14.10 今开	11.75
		涨跌	4.31 最高	14.10
6.29%		涨幅	44.02% 最低	11.75
		总量	14785 量比	
12.58%		外盘	2015 内盘	12770
		换手	2.71% 股本	2.18亿
18.87%		净资	5.49 流通	5459万
		收益(四)	0.533 PE(动)	26.5
25.16%		14:54	14.10	5 S 1
		14:55	14.10	5 S 1
31.45%		14:55	14.10	7 S 2
		14:55	14.10	8 S 2
37.74%				

那么从 IPO 申购到中签，再到这么高的价格，就会产生巨大的利润，可这巨大的利润被谁拿掉了？结论是都被机构拿去了，他们的中签率要比网上中签率要高很多，所以他们有炒作的热情。不把新股发行进行完全市值配售，将来还会出现新股炒作的问题。散户持有市场，本来可以因为持有股票而获得更多的配售权，但必须卖出股票用资金申购，几乎在弱市行情里，很多舍不得卖股打新的散户得不到任何的实惠。

新股发行到首日的上涨，本来这部分利润可以弥补二级市场的亏损，但现有制度却导致这部分的利润给了其他人。盘中有部分不太懂的，在这么好的上涨环境下，卖出股票的，比方说今天 N 龙大卖出了 147 万股，买入这 147 万股的，在这么大的封单面前，自然明天继续上涨获利的概率比较大，但是这种容易获利的买入，散户永远买不进来。

不信大家就看看明日的龙虎榜，大概率今天所有的卖出盘，会被一家机构所全揽，他们有专用通道，用更快速的时间来抢筹，散户根本抢不到。也就是说这部分利润也不是散户的，甚至一点散户的份额都没有。

什么时候散户可以进得来呢？就是机构把价格炒得高了，机构之间已经赚到不好意思了，形成分歧，价格不再涨停，散户才能进来了，但风险也比较高了。一句话：好的时候，散户肯定买不进来，买进来的时候已经不确定好了。

那么我们要是支持这样的新股发行，就是扯了。

只有按市值进行配售，中签后再交款，因为持有股票所带来的损失，可以用持有股票所带来的申购机会，并通过压低 IPO 发行市盈率，让二级市场持有者来分享 IPO 带来的溢价收益，一级

市场和二级市场才会平衡。

否则，就会出现现在的病态分化，一级市场朱门酒肉臭，二级市场路有冻死骨。

---------- 作者点评 ----------

一年后，2015年11月6日，证监会提出了进一步改革完善新股发行制度的政策措施，包括针对巨额打新资金对货币市场的影响及部分投资者卖老股打新股问题，取消现行的新股申购预先缴款制度，将申购时预先缴款改为确定配售数量后再进行缴款。

本文提出了另一个平衡，一级市场和二级市场的平衡。

2014年08月19日

交易意识

今天讲一讲交易的意识。

意识，这个词对于很多人来讲比较抽象，大家如果看过电子竞技频道，就会知道有一种打法叫做"意识流派"，也是专门针对意识的一种流派，它会提前想到对手会去做什么、会怎么想。

在交易当中，交易意识也是一种提前判断的能力，你在别人还没有想到的时候能去想到它。绝大多数人，并不具备交易的意识,他们只是在跟随行情,这样你就会发现行情涨的时候一片看涨,行情跌的时候则是一片看跌。或者是,当一个方法你用了多次都非常好用的时候,你会更加信任它而重复使用。

在期货市场里这样的双向交易、墙头草是最危险的,其次呢,是趋势交易者。拿我现在正在研究的自动化趋势交易策略来讲,用趋势来做交易策略,如果你能严格执行,大部分的趋势策略都是盈利的,但加入人性的因素,则没那么简单。因为趋势类的交易策略,在震荡的行情里就会很惨,左右挨打。挨打的次数多了,你就会怀疑,怀疑就会导致你丢掉趋势,丢掉趋势,之前的打就算白挨了。

初学者总是挨市场打,挨打的次数多了,要么不玩了,要么变得坚定了。坚定的投资者也挨打,但懂得坚持,路虽曲折但最终能获取利润。这样的投资者都算不上高手,高手是有交易意识的人。他们懂得在趋势持续的时间长了的时候,开始配置一些震荡策略。在震荡持续的时间比较长的时候,多配置一些趋势类策略。

确定性会因为重复的次数多了而降低。比方说用趋势线进行交易,连续三次都在趋势线上止跌,但第四次,也许就终结趋势了。你再按老方法去做,就会发现这是个错误的。很多风险是你没有意识到,在你自以为安全的时候发生。

至少我是深刻考虑过"交易意识"这个词的。

———————— 作者点评 ————————

本文只是讲了交易意识当中的一个环节:跳出惯性思维。

> 交易意识是在市场未出现之前所想到的场景和应对的策略，意识一定是提前于市场的，否则就不是意识。

2014 年 08 月 24 日

只有两种属性

大盘在整个 8 月基本都是在走震荡行情，看涨和看跌的各打五十大板，看震荡的打一百大板，因为震荡没有方向感，操作上没有实际的帮助。那么不看大盘做个股呢？貌似有道理，但就像韩寒电影里的台词：听过那么多道理，却依然过不好这一生。

所以我在描述趋势的时候，始终认为趋势只有两种，即上涨趋势和下跌趋势，不应该有震荡趋势（目前的震荡行情属于上升趋势当中的）。就像这个世界很多的事情或事物，只分正反、阴阳、高低、好坏两种属性，这样你的思维就简单了，不会用震荡或第三种属性来对市场进行反复解释。

一个趋势的终结，就是另一个趋势的产生，循环往复，我们可以如此简单地认知这个市场。

在绝大多数的时间里，市场会延续原有的趋势，这是技术分析的三大前提之一：趋势一旦形成即将延续。有人会觉得这比其他两个：价格包容一切、历史重复发生更加的晦涩难懂，但如果你明白了这句话的真正意义，你就能理解市场其实没有震荡市，上升趋势的终结，就是下降趋势的产生，下降趋势的终结就是上升趋势的产生。

因此我们就会去研究终结的迹象与市场表现，再哲学一点地说，任何事物都有新生、成长、鼎盛、衰退、死亡的过程。顶部结构，表面上是研究价格创新高，而趋势类的指标 MACD 的值不创新高的一种形式，实际上就是速度的衰退，速度只要一衰退，就会形成顶部结构。因为趋势类指标的核心无非就是短期和长期的速度对比（MACD 是 12 周期和 26 周期的对比）。

基于上述观点，我给出结论的时候虽然并不确保正确，但通常都是在说未来，并且方向明确清晰。因为我觉得这样的分析才有操作意义，希望投资者能够重视我得出结论的这个分析过程和原因，你弄懂了**我为什么推出这个结论，相信原因才不会怀疑结果，做到知其然亦知其所以然**。

作者点评

我认为在哲学上只有两种属性才是对的，这符合对称的哲学观。

只分牛市和熊市，非牛即熊、非熊即牛。在哲学上理解是不存在震荡市的，震荡市更像是一种无法量化牛熊的一种解释。如果你能量化牛熊，就只会得到两种属性。

十年

2014年08月27日

缺口无用论

"缺口必补"这句话有硬伤。

前面我谈了缺口必补里面的时间因素,如果不谈什么时间,这句话就永远没错,但同时这句话也永远不对,因为你不知道是哪一波回补,更不知道该不该买入或者是卖出。

实际上,缺口并不是必补的,2008年11月10日,1664点大底之后形成了一个20点的缺口,很大、很明显,但到目前一直没补,如果要补,难道要跌穿1800吗?再往前,998点大底的时候也有缺口,2005年7月22日,这要是补,就要回到1000点。再往前,1994年8月1日,巨大的向上跳空缺口,这个口要是补的话,上证指数需要回到400点左右,那根本是不可能的。

香港恒生指数,前两年跟随美国股指跟得很厉害(这两年有点跟A股走了),美国这边涨了,恒生就高开;美国跌了,恒生就低开。几乎每天都有缺口,要是补缺,累都累死了。

──────── 作者点评 ────────

这是因为我看到很多人在乐此不彼地研究缺口,我从方法论的角度思考缺口的有效性,最终发现几乎缺口所涉及的所有理论都能证伪。所以，我提出缺口无用论，这其实还好，我提出成交量无用论更是争议巨大。

好在我只代表我的思维方式和思考逻辑，不需要别人的认同。

真正的自信，无需别人的认同。

2014 年 08 月 29 日

新股怎么申购

我们先讨论新股怎么申购中签率高。假如说新股申购，周四有、今天周五有、下周一也有、下周四还有，那么从频率的角度，资金周四、周五、下周一申购新股，都不影响下周四的再次申购，即它们的使用频率都是一样的。在这种情况下，申购的中签率最高的是：周五大于周四，下周一大于周五。因为资金申购冻结期一般为 3 天，如果周四申购的，周五就没钱再申购了；周五申购的下周一就没钱申购了。所以下周一申购的资金最少，因为周四和周五的资金都被冻结了。

这是从股票数量大概相同上来讲，本周四、周五、下周一发行的股票数依次减少，所以中签率会略高，但不会明显高很多。

收益率呢，原来小盘股中 500 股要比大盘股中 1000 股收益还高，现在这个差额也在缩小，但还是小盘股占优，所以在资金有限的情况下，选择好申购日期后，建议从小盘股到大盘股的顺序申购。

个人建议，仅供参考。

---作者点评---

讲了当时申购新股的两个符合逻辑的技巧。第一个逻辑是，如果连续三天有新股，那么根据资金申购会被冻结三天的原则，第三天申购的资金会最少，因为第一天和第二天的资金还没有解冻，所以中签率会增加。第二个逻辑是小盘股的收益比大盘股的收益高，这是根据以往的市场表现，过去市场喜欢小盘股，尤其是个人投资者对小盘股的偏爱。

现在市值配售了，这个申购技巧则完全没用了。

2014年09月21日

人的记忆遵循遗忘规律

就指数目前的表现来讲，你看小盘股指数和看大盘股指数的"感觉"是完全不一样的，即便你看大盘股指数，你看上证指数和深成指的"感觉"也是不相同的，这也就是最近一直以来出现的现象：市场分化严重，大盘股和小盘股分化，上证指数和深成指分化。

如果只是看深成指，我们在8月28日30分钟底部结构的时候给出的低点，9月5日15分钟顶部结构给出的高点，是精准的，到目前为止短期的判断基本是很靠谱的。我一直以来，都是认为判断短期的要比判断长期的更稳定，很多人把短期的判断认为很难，长期判断认为容易，其实是不对的。

长期判断你只是无法马上去印证你判断的对还是错，从逻辑来看，如果你是拿过去来判断未来，那么过去**对未来的影响，一定是遵循距离过去越近越有效。人的记忆遵循遗忘规律，距离现在越远的事情，对现在影响越小。**

基于此，判断盘口要比判断分时线更准，判断分时线要比判断日线更准。我之前说过这样的话，判断未来几天要发生的事情，比判断未来几年要容易得多。所以，我写的文章是明日操作策略，而不是明年操作策略，也不是下月操作策略。其实对比明年或下月来讲，明天更重要，明天也足够用了。

拿着手电，照一米，走一米。

在照行情的路上，我们会遇到不一样的行情，有时候是有方向的、倾向性的，即我说的大概率，有时候是没有的、混沌的。基本上遇到有方向性的时候，我们要勇敢地去走大概率，并且要坚定和积极。比方说现在，我认为日线的顶部结构，就应该坚决看空的，就算上证指数再涨，再创新高，顶部结构还在，无非就是再创个高点而已。

在坚定地走大概率的前提下，我们要考虑到小概率的产生，无序的混沌的状态，以及它们的应对情况，用策略来解决它们。小概率是必然的、一定会出现的，如果没有小概率，也就不会有大概率。你如果认知这一点，其实没必要每天纠结于行情判断的对或错。

十年

只要你说未来，你就一定会出错，就算巴菲特来，我认为他判断小周期的成功率也不会比我们高很多，所以对错其实不是核心，核心是你在正确的时候能够坚定并且因此而赚到利润，看对了但赚不到钱的人太多了；在错误的时候，能够认错和纠错，不逃避、不恐惧，让损失降到能控制的范围。

因为小概率的必然存在，才有大概率；因为错误的必然存在，才有正确。小概率与出错在本质上无法逃避，它们会像我们吃饭睡觉一样正常而普遍存在。

勇敢去分析和判断未来，无论我对亦或是错，至少我一直以来大多数是在说未来，当然我必然会出错，在出错的时候一些人会指责我，甚至嘲笑我，但我想告诉这些人，其实我并不在意，并且也没打算对这种针对未来的写作风格做出任何的改变。

对于我坚持写未来这件事，你有建议或意见尽管说，但我并没打算做任何改变，我只是怕把你憋坏了。

作者点评

人的记忆是遵循遗忘规律的，你昨天涨了薪水昨天最高兴，今天也许还很高兴，但下周就会淡了，下个月可能就不记得了。人的记忆遵循遗忘规律，越近的事情对现在的影响越大，从这个角度判断现在要发生什么比判断明天要发生什么容易，判断明天要发生什么比判断明年要发生什么容易。

有人说治疗失恋最好的方法是时间，这从人的记忆遵循遗忘规律的角度来讲是对的。

2014 年 10 月 07 日

投资属性和消费属性

时间过得真快,十一长假转瞬即逝,每年长假之前我都盼望着长假可以好的歇一歇,而放假的时间久了,就想开盘、想交易,交易有特殊的魅力和吸引力。今年感觉还没有怎么过,假期就结束了。好吧,重新回到市场中来。

要说长假节后的首个交易日,大多以高开为主,这是大概率,一个原因是节后的首个交易日资金回流,当然节前的那一周有2500亿资金流入股市,我们不排除是为了打新,但至少代表了场外是有钱的。这部分资金是否进入到二级市场里来,我觉得暂时定义不了,房地产作为社会资本主要的投资市场,在很长的一段时间内根深蒂固。相反,二级市场的不靠谱,也在很长的时间里根深蒂固了。

这常让我思考,我们到底要一个什么样的资本市场?假如我们没有在这个问题上进行深入研究,场外资金总是会走马观花的,只是短线炒作。资本市场里,信心比黄金还重要,以美国为主的发达国家的资本市场,牛长熊短、牛慢熊快是基本节奏。

其实这里面有大智慧,牛要想长,必然不能太快,A股2006年和2007年的大牛市,最大的问题就是太快了。每天不需要涨太多,这样短线操作的积极性就会被抑制,但每天都在涨,让资金从喜欢短炒变成喜欢持股。

十年

"让绝大多数的人，在绝大多数的时间里，能够轻松盈利。"这句话我认为就是美国股市的真谛。只有这样才能使我们从房地产市场之后，又出现一个社会资本进入并且有投资回报的市场。

未来也许我们并没有太多的选择，好像除了房地产就是消费了，老一辈的存款意识这两年被"理财"产品转变得差不多了，但总归还是"投资"属性。刺激经济得刺激"消费"属性，而股市的上涨是能够改变这个属性的。打个比方，你在**股市里赚了一万元，和你辛苦工作挣一万元在消费能力上是有很大的差别的**。

希望管理层能够重视这一点，从深层次上重视股市的发展。

作者点评

房地产也是投资属性，尽管房地产是商品也叫做商品房，商品本来是消费属性的，但房地产为什么会没有了消费属性呢？因为老百姓找不到，除了房地产以外，让绝大多数人在绝大多数时间里能够轻松获利的投资。

买房子刚好符合这三点：绝大多数买房的人受益，绝大多数时间里买房都受益，不用太聪明只要买就受益。

任何投资如果符合我说的这三点，都会进入到高速发展期，美国股市就是这样啊。A股如果符合这三点，会进入到良性循环的，越来越多的资金会流入股市。而股市能够给大多数人带来回报，市场自然就会建立强大的信心，面对下跌或调整不需要救市，因为市场会在强大信心的前提下"无药自愈"。

股市比房地产流动性好，股市的投资属性更能发挥好，消费属性要就比房地产强多了。

我们的股市，不够聪明啊。

 2014 年 10 月 15 日

融资融券

中午说了融资融券的事，今天盘后往深里说一下。

融资融券虽然是双向的，但实际上融资的额度要远大于融券的额度。一是因为使用习惯，很多人都习惯了单边做多的交易市场；二是因为经营者的属性，你是上市公司的管理层，你也喜欢多往外界放利好消息，捂着藏着利空或坏消息。

市场上好消息多，股票又是单边做多的市场，融资的获利难度比融券小，所以融资要大于融券。

也就是**因为融资融券的不对等，才形成了本轮"资本推动型"的行情**。在市场低迷的时候，整个二级市场的存量资金也就5000亿的规模，可是到今天已经达到了6500亿的融资规模，而两个月前还是在4000亿。也就是说，信用交易的规模达到了历史新高，并且集中在最近的两个月。

为什么是最近的两个月，原理特别简单，因为这两个月涨了，资本本身就是逐利的。我以前就描述过，资本锦上添花容易，雪中送炭难。场外不是没有钱，是不肯进来，一旦有了行情,市场并不缺钱,未来也是这样。

但这一轮上涨并不是场外的增量资金,根本就是场内的存量资金的信用交易,即融资融券。我们可以从几个证券公司的年度报表中看到(传统经纪业务、自营业务都是下降的)。我们再借用上面的话,资本是逐利的,当证券公司发现信用收入即非佣金收入甚至能够超过佣金收入的时候,开始全员大力推广信用交易业务。

我不知道这对于未来会发生什么,因为在我国过去的历史上从来没有发生过这种情况。

目前的情况是:大一点的券商,融资的比例是:1∶0.6或1∶0.8;中间的差不过是1∶1,即你有100万可以融资100万。而小一点的券商,有的竟然高达1∶2.5甚至1∶3,即你有100万,可以融资250万到300万。

而且融资标的也从最开始的100多家到9月22日的900家,占到全市场的80%。正是因为这些因素,导致了信用交易发生了巨大而猛烈的震撼性的发展,这在历史上都是从未见到的,所以我管这一波行情叫做"资本推动型"的。

资本推动型的产业包括交易都有一个问题,资金是有成本的,即它们本来就不是做长线的,短炒是它们的属性。先使用融资融券的,开始制造了明显的赚钱效应,吸引后面的人使用融资融券,而融到资金的人,必然会把这个钱投入到市场里,造就了资本推动型的牛市。否则就是资本的浪费,但这个玩法的前提是要有不断的资金投入进来,一旦资金跟不上了,这个玩法本身就会出问题。

1. 早期融资赚到的人,做短的属性导致一旦行情的获利难度加大，就会去获利了结。

2. 后期融资没赚的人，因为资金成本，会选择风险控制。

3. 后期融资却赔钱的，因为杠杆，赔钱的速度会额外大，证券公司只是在解决了自己的风险，并没有深度考虑客户的风险，而这种破坏性推广会出现大量的无风险控制能力的投资者，如果行情下跌 10%~15%，就会出现大量的信用交易的证券公司强平行为，这个量级目前还不好估算。

作者点评

请注意哦，这就是后来股灾爆发的最根本原因，我很早就意识到这一点了。这是个泡沫制造过程的初期，但我不知道这个泡沫多大会爆裂，因为没有"前车之鉴"可以参考。而且我也不认为泡沫是完全不对的，在泡沫制造的过程中，是财富快速增长的过程，我们只需要做一件事即防范泡沫爆裂，在做好风险控制的前提下，也许应该拥抱泡沫而不是排斥和抵制。

房地产也是一样啊，房地产的泡沫将来一定会爆裂，但这个泡沫的过程中改变了社会的财富分配，拥抱泡沫的在泡沫爆裂之前都是对的，并且是幸福的，我们能说这个泡沫一定是错的吗？

问题是我们如何预测房地产泡沫爆裂的转折点呢？我认为两个数据：一个是其他国家房地产泡沫爆裂时的城市化率；一个是广义货币 M2 的增速。

而资本推动型的泡沫爆裂的关键点也在于两个：一个是增量资金衰竭；一个是行情出现下跌，存量资金遇到风险。其实资本推动型的泡沫爆裂的前提是泡沫要足够大，当时还没有足够大。

但我当时想到的两个问题都是核心问题，未来泡沫爆裂埋下了必然隐患。

第一，杠杆资金是有成本的。

第二，杠杆资金的使用者是不够成熟和理性的。

2014 年 10 月 21 日

人性无法消除只能降低

从交易的角度，我在曾经讲过的培训课中，里面的一节内容讲了如何创建自己的交易系统。在那里面我曾提及，不论你有多少年的交易经历、多大的交易资本，只要你还心随市场波动而动，就是没有入门。

很多人在市场中控制不了自己的情绪，总是跟随市场波动而情绪变化很大，这样直接导致交易走形。贪婪和恐惧是人性，人性的部分一旦起到决定性作用，交易就会变的随意，然后市场对人的影响就会被放大。所以跟交易时间、经验、资本完全没关，只要还受行情的影响，就会被人性的部分遮住双眼，你就看不清未来了，所以我叫这些人没入门。

在交易这行里，没入门的太多。

那么怎样才能让市场对自己的影响变得小呢？刚说了贪婪和恐惧是人性，**人性无法消除，只能降低**。很多人不是不能抗住市场波动对他的影响，而是没有标准，所以建立标准就是抵制市场影响的最有效方式。这个标准的建立，是要在交易之前做的，因为那个时候，你的判断最客观，即我讲的如何创建自己的交易系统之"计划性"原则。

有了交易计划，并且严格执行，就会到达：我心不动，任凭市场波动的情形。市场对你的影响小了，你交易不会随波逐流，有计划、系统地进行交易，你就算入门了。

但实际上，这一关很多人都过不去。你看我的分析和市场判断，基本上不会随着行情的波动而改变太大，我用很长的一段时间确立这样的写作风格，并保持这种分析的连续性。

作者点评

人之所以为人，是因为有人性情感、欲望、贪婪、恐惧等。

人如果没有了人性，也就不是人了（这不是骂人哦）。

人性给交易带来了很多复杂的局面，行情并不复杂，交易也并不复杂，复杂的是人。

人性只能降低，但无法消除。

虽然无法消除，但能够控制和降低人性，对交易来讲已经足够。交易可以看做是一种群体博弈行为，大多数人控制不好人性，你如果能控制好，就可能在这个群体里胜出。

交易上控制人性的核心在于要有交易的标准，先做到有"法"可依。

控制人性的过程就是"有法必依"。

没有交易标准，谈不上控制，所以要想做好这个环节，首先要建立自己交易的标准。我讲的投资者教育，很重要的一个部分就是如何建立交易的标准。

标准的有没有，比标准的好不好重要多了。

++

2014 年 10 月 23 日

结构的周期对应性

今天在盘中有位学员问，这一波高点有日线的顶部结构，是不是要等一个日线的底部结构才能入场呢？我觉得这个问题非常具有实际意义，所以在今天的盘后 30 分钟的语音讲解当中就重点讲了。

首先我们要判断一下趋势，在上升趋势里，底部结构是顶部结构周期的一半即可；在下降趋势里，顶部结构是底部结构周期的一半即可。在震荡周期里，才需要对应的周期结构。举个例子说，这里是日线的顶部结构，但我们判断这里的调整，之后要再创新高的，所以判断为上升趋势里的调整，你想等日线的底部结构，也不一定会出现。

你的底部结构可以比顶部结构小一半，即你得找个 120 分钟线的底部结构。因为大多数人调不出 120 分钟线，所以至少得带一个 60 分钟的结构吧。

反过来，如果是下降趋势，你找了一个 60 分钟的结构低点，对应地也就不需要找一个 60 分钟的顶部结构，而只需要找一个 30 分钟的顶部结构即可。

现在这里，因为今天的加速，各周期都没有底部结构，不耐心点看来也不成。

---- 作者点评 ----

上升行情里，结构的周期对应性是，大周期顶部结构对应小周期底部结构。

下跌行情里，结构的周期对应性是，小周期顶部结构对应大周期底部结构。

 2014 年 10 月 26 日

哲学最好的讲解方式是不断渗透

在我的系统课里，我把对股市的全部认知归结到 12 个字上：空间、时间、结构、趋势、位置、形态。我认为这 12 个字包含了市场的全部信息，具有全息属性，今天我们来说一下"时间"。

人们对时间的理解有很多：时刻能感受到的一去不复返的自然时间；日复一日，年复一年的循环时间；运动场上的带有起点和方向的时间之箭。

在金融市场上，美国华尔街有一句老话：不要告诉我买什么，请告诉我什么时间去买。而国内绝大多数的机构，它们擅长于基本面的挖掘，行业和经济形势的判断，即绝大部分是选股的，只有极少的部分是选时的。当然这是模式的选择问题，做自己擅长的本没有错。

技术分析的理想是何时何价。这在三大理论当中是偏江恩理论的，江恩理论过于晦涩难懂，但我一直是相信江恩存在的，在中国也有，只不过我不是而已。尽管我对空间和时间这么多年也有一定的理解和思考，但我只能做到在特定的环境下，做到何时或何价，而不能做到何时何价。

我能解决单一的时间问题，或单一的空间问题，解决不了在什么时间见到什么价格。很遗憾，我目前并不打算在这个何时何价的领域深入研究下去，因为我见过很多研究江恩的人，他们一头扎进去就再也出不来了，走火入魔。葵花宝典的第一页写着："要想成功、必先自宫"，你别为了成功不顾一切，因为也许第二页就写着："就算自宫、未必成功"。而如果你真的成功了，看到第三页写着："不必自宫、也能成功"，你能气得吐血身亡不？

交易不应该是我的全部，也不应该是大家的全部，交易是我们生活当中很有魅力的一个部分，我用我的理解和方式做交易和做分析，仅此而已。

我深知不能在所有的时间去妄图给市场一个答案，只要我们在研究市场，尝试生成交易思想，原理其实就是存在于"历史重复发生"，这就是最简单的统计学的概率优势，只有在特定的时候，这种概率才有优势。

就市场而言，永远都不缺机会，在混沌和秩序的过程中，时间起到了过渡的作用。女人们常说时间是一把杀猪刀，男人们常说时间是一把猪饲料，哈哈。而我看来，时间是概率优势的形成过程。有时候我建议大家耐心点，因为我基本判断具有合格的概率优势在短时间内无法形成。

终究时间能改变这一切。无论你是失业、失恋、失败，当然也包括投资失败，时间包治百病，时间是一把手术刀。

十一之后，我认为高点会在十一之后的第二个交易日，再之后的三个交易日里，形成日线的顶部结构，这是出于对时间的理解。当日线形成顶部结构以后，并非是短期能够消除的，这也是对时间的理解。上升周期里，顶部结构的对称性不是在同一周期，通常会缩小一半。即你找一个60分钟的顶部结构，你只需找一个30分钟的底部结构即可，这也是对时间的理解。

本周的上半周会形成一个15分钟级别的底部结构，因为顶部的是日线级别的结构，所以我并不认为这里会是筑底，应该判断为下跌途中的一个低点而已，但本周的上半周会相对偏暖，下半周则不好说。

今天说了这么多，因为我突然想说这么多，这种文章，连我自己都觉得不是所有的时候都能写出来的，当然你也可能不知道我在说什么。

人类文明流传至今，有三个代表：艺术、科学、宗教，分别代表了现象、数学和哲学。而放眼望去绝大多数投资者还在研究现象领域，听消息、盼政策、研究指标，金叉、死叉，如果你不去理解现象背后深层的数字逻辑，你最终的结果是照镜子跟自己反复解释，今天为什么对，或为什么错。

利用发达的电脑和先进的统计学工具，包括用编程语言处理股票信息，挖掘具有概率优势的选股逻辑，并让其在盘中自动跳出来，告诉你这只股票已经符合这个逻辑了，这些就是我现在正在做的事，是开始有点数学的意思了，但我知道这依旧在初级阶段，我也清楚即便是数学的初级阶段，其在目前的 A 股下仍然具有竞争优势。

即便我能打造最具科技含量的学员区，也仍是第二个阶段，要想寻求交易上的更大帮助，你必须开始尝试接触哲学，看看波普尔的书吧，站在巨人的肩膀上来汲取他们的智慧。

就我自己而言，这些年对我帮助最大的书，都是跟交易没有半点关系的书。我在每天的文字课和语音课里，我并不讲这些，因为我觉得即便是我的学员，绝大部分也听不懂。但我一直把哲学的部分穿插在整个体系当中，采取的方法是渗透而非灌输。

这个过程有意思吧。

作者点评

U148＝有意思吧，这篇文章写得天马行空，思维到了哪里，就写到哪里。我说这个过程有意思吧，是说给学员听的，如果你看文章可能看不懂。因为我有时候讲课也讲得感觉天马行空似的，很多看似跟交易不相关的事情，其实是有关系的。但我不敢奢谈哲学，也无法系统地去讲哲学是什么，对交易的帮助有哪些，只能偶尔碎片式地渗透一部分我对哲学的理解，当然有一部分学员特别爱听这个部分。

2014 年 10 月 28 日

预测不是预言

尽管在沪港通搁置的消息刺激下形成低开低走的昨天，我依旧认为本周的上半周是偏暖的，我写操作策略向来不是事后诸葛，当然我们在判断未来的时候，成功率不会很高，但**对于交易来讲，未来要比过去更重要。研究过去的意义就是为了更好的分析预测未来。**

当然，预测在很多人看来都是很不靠谱的事情，很多人会告诉你，在股市里千万不要搞预测，股市是无法预测的。但这些告诉你的人，每天都在搞预测。不可否认的是，**买股票就是预测将来涨，你若预测将来跌，你还买什么啊。卖股票也是一样，预测未来下跌，即时的买卖都是在预测，离开预测，你能在股市里做什么？**

至于昨天你有多辉煌或多落魄，有那么重要吗？巴曙松说中国股民非常可爱，赚钱了四处吹牛炫耀，赔钱了，打掉牙和血忘肚子里咽。市值消失 10 万亿，银行都快崩溃了，而股民一点反应都没有，默默接受。巴先生说得真对，股民是最可爱的人。不论是赚了还是赔了，其实都没那么重要，因为都已经过去了，相对于过去，未来显然重要得多。

你只有判断了未来，才能展开现在的交易，预测是必经之路，预测是最科学的方法之一，别理会股市里批评预测的，真正的自信无需别人的认可。

比方说这里，因为我们预测要出现调整，并且是日线级别的调整，所以才判断强势维持到十一之后的第二天；因为 15 分钟出现了底部结构，所以才预测本周的上半周相对强势；因为时间空间的对称性，所以才预测这里只是反弹；因为大周期已经走上升，才预测这一波是上升途中的调整，而非下跌。

有条件、有原因的推出结果是预测，没有条件、没有原因的推出结果是预言，属于胡说八道，做一个预测者，而非预言者吧。

———————— 作者点评 ————————

预测和预言，差一个字，却差一万里。

预测是交易里最科学的方式之一，很多人批判预测，其实并不了解什么是预测。

————————————————————

2014 年 11 月 11 日

节　　奏

双十一，中国股市也来凑热闹，2400 只股票对比昨日打折出售，并且创出有史以来最高的成交额 5800 亿，创历史记录，阿里、京东等电商望尘莫及，哭晕在厕所。

上面的这个笑话充分说明了两个事情：第一，成交额创历史记录；第二，绝大多数股票出现下跌，最高超过 1000 只股票跌幅超过 5%。昨天中午我在博客里写，利好过后一地鸡毛，最多就是形容市场大盘涨了，个股不涨，但今天曾经一度是大盘涨了个股反跌。

这种情况你要去看市场到底是什么股在带领大盘，仔细观察银行股首当其冲，所以这两天你如果不在银行股上，是很难跑赢大盘的，可绝大多数投资者很不愿意买银行股，因为之前的走势涨跌都特别慢。

其实这就涉及了一个节奏的问题，小盘股涨的时候大盘股不涨，大盘股涨的时候小盘股不涨（今天除外，今天是跌），这种节奏有明显的交替属性，因为股票数量太多了，所以很难出现普涨的格局。

轮涨节奏是必然的，**踏准节奏的方法是契合，别追**。

---- 作者点评 ----

节奏相对来讲等节奏更好，为什么不能追节奏，因为眼睛是滞后的，你看到的说明已经发生并且持续一段时间了，如果你在一个持续的节奏上追，那么可能会在这个节奏的中后期，已经开始向下一个节奏转变了。

这有点像一群人在军训，市场出左腿的时候，如果你也是左腿，那么你会觉得没问题。如果市场出左腿但你出右腿，你会觉得别扭，但你别着急改。你跟着出左腿的时候，也许市场开始出右腿了，然后你就又错了，总是跟市场的节奏相反。

十年

如果你出错腿了怎么办？其实很简单，你只要坚持继续出左腿或右腿，自然会和市场的节奏契合上的，契合上一波行情，节奏就好做了。你若追，可能会一步错，步步错。

等比追强。

2014年11月18日

4浪穿轴

我在周一操作策略里，给了一个非常简单的结论，就是大盘股高位，小盘股低位。

就大盘股而言，沪港通是利好，但本周一利好落地，就存在利好出尽的可能，对沪港通我一直呈现观望态势，主要就是怕这个利好出尽的问题，再过一阵子倒是可以研究一下，包括要研究一下是否存在AH套利等。

利好出尽的例子太多了，记得申奥成功的那天就是奥运概念股一起见顶的那天。一只股票有重大的资产重组或高送转，一般都是提前涨，涨到一定阶段才往出"放消息"，利好出尽见高点的例子很多。

从技术面上，各周期都运行在超买区域，分时线60分钟和30分钟带顶部结构，三个大盘股指数都带顶部结构，所以我判定大盘股高位。

小盘股上周是主跌的，跟大盘股形成了鲜明的对比和分化，小盘股实际上已经跌了25天了，之前是有一个日线的顶部结构的，日线结构通常会对应一个至少24天左右的反向周期，25天已经足够了。

再加上日线从浪型上划分，应该属于4浪回调，拿创业板指数来讲，5月19日至7月3日为1浪上升；7月4日至24日为2浪回调；7月25日至10月9日为3浪上升，10月10日之后为4浪回调。

我在之前所著的《数字化定量分析》中提到过一种关于定量4浪结束的方法，叫做一致性获利法的时间跨度研究。

后配图（2014111801）

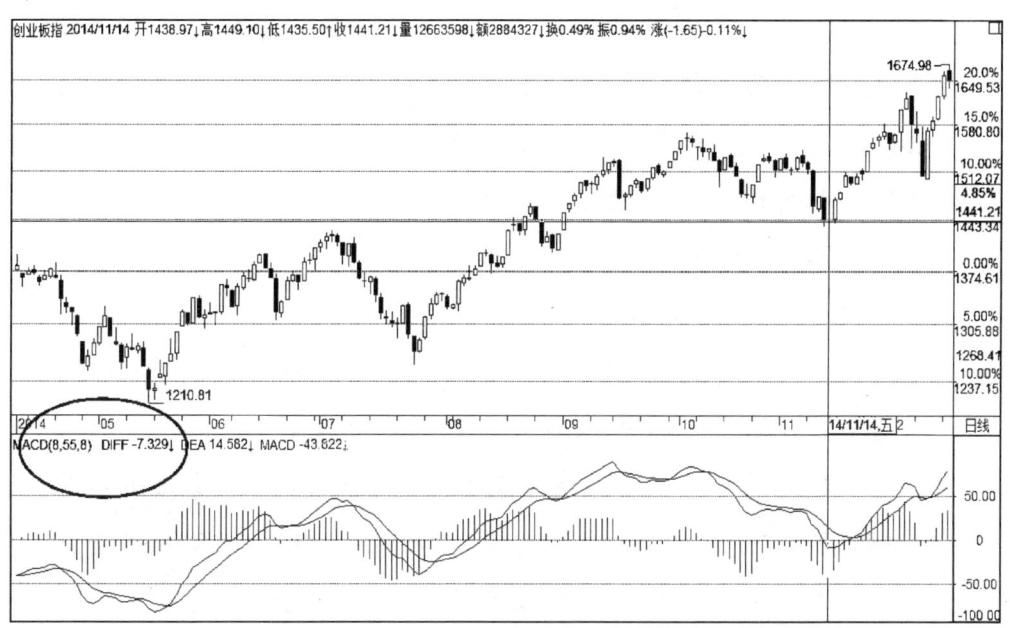

1浪起点到3浪终点，即5月19日至10月8日，一共经历了97根K线，97除以60再乘以5和97除以60再乘以34，我们就会得到8和55，把MACD参数调整为（8，55，8），当DIF值

穿0轴的时候，4浪结束。

我在上周初就提到了这个方法，周五收盘正式穿0轴，所以我判定小盘股低位。

对于未来，因为目前还是运行在预期的范围内，暂时没有最新的变化或需要提示的。

———————————— 作者点评 ————————————

前面有讲过一致性获利法的时间跨度研究，这是我十多年前的研究结果了，这个方法在定量4浪结束这个领域里，有时候很神奇。

我曾经思考过为什么比尔·威廉姆会用5和34作为一致性获利法的参数，我试图寻找这两个数字的联系，寻找之后我发现最能说服自己为什么一定要是这两个数字的理由，最贴近的研究结果是这两个数字是费氏数列里的数字，波浪理论的核心就是费氏数列，也叫作斐波那契数列。

从0和1开始，前两个数相加等于第三个数，得到费氏数列。

0，1，1，2，3，5，8，13，21，34，55，89，144，……

这个数列后一个数除以前一个数约等于1.618，前一个数除以后一个数约等于0.618，即黄金分割。波浪理论本身上升5浪（12345）调整3浪（ABC），总共加起来8浪，3、5、8都是费氏数列。如果把上升里的上升叫做推动浪，然后进行细分，1浪、3浪、5浪是12345结构，2浪和4浪是上升里的整理浪，细分为abc结构，上升5浪就是5+3+5+3+5=21；调整里的下跌为推动浪，A浪和C浪细分是12345结构，B浪是下跌的整理浪细分为abc结构，下跌3浪就是5+3+5=13；整个8浪细分之后就是5+3

+5+3+5+5+3+5=34 浪。

然后，我们发现 13、21、34 也都是费氏数列，所以费氏数列应该是波浪理论的核心。一致性获利法是研究波浪理论的，再加上 5 和 34 也是费氏数列，所以相对比较贴近它背后的原因。

但我并无法证实为什么是费氏数列的 5 和 34，我能找到的费氏数列里关于 5 和 34 的记载是"鹦鹉螺旋"，5 和 34 是在最远端，在 180°的直线上。后来我不把研究的重心放在成因上，而是放在结果上，也就是怎么跨周期应用，这才有了一致性获利法的时间跨度研究。

希望有心人能继续我未完成的路，解决一致性获利发的成因问题。

 ## 2014 年 11 月 20 日

两个不同周期的作用力

我们上次谈到了创业板指数的 DIF 穿 0 轴的方法，用的是一致性获利法的时间跨度研究，实际上这个方法有一定的专项属性，就是专门研究 4 浪的，但不同的周期会经常出现 4 浪，比方说这里。

日线从底部 5 月 19 日起整个行情呈现 3 浪上升，那么之后就是 4 浪，1 浪起点到 3 浪终点的 K 线数是 97 根，用 97 除以 60 得出一个基本震荡因子：1.616，然后再用 1.616 分别乘以 5 和

34，得到 8 和 55。

把日线的 MACD 参数调整成（8，55，8），当 DIF 值下穿 0 轴的时候，4 浪结束。上周五刚好穿 0 轴，几乎是精确的。

那么市场出现上涨之后，我们再看 60 分钟线，这个小一点的周期，也可以先看做是 4 浪反弹，10 月 9 日开始的下跌到上周五是 3 浪下跌，现在是 4 浪反弹。我们同样可以应用一致性获利法的时间跨度去研究，只不过一个是向上的浪型，一个是向下的浪型。

60 分钟线向下的 3 浪，从 1 浪起点到 3 浪的终点 K 线数是 106 根，用 106 除以 60，得出的基本震荡因子是：1.766，然后再用 1.766 分别乘以 5 和 34，得到 9 和 60。

原配图（20141120 01）

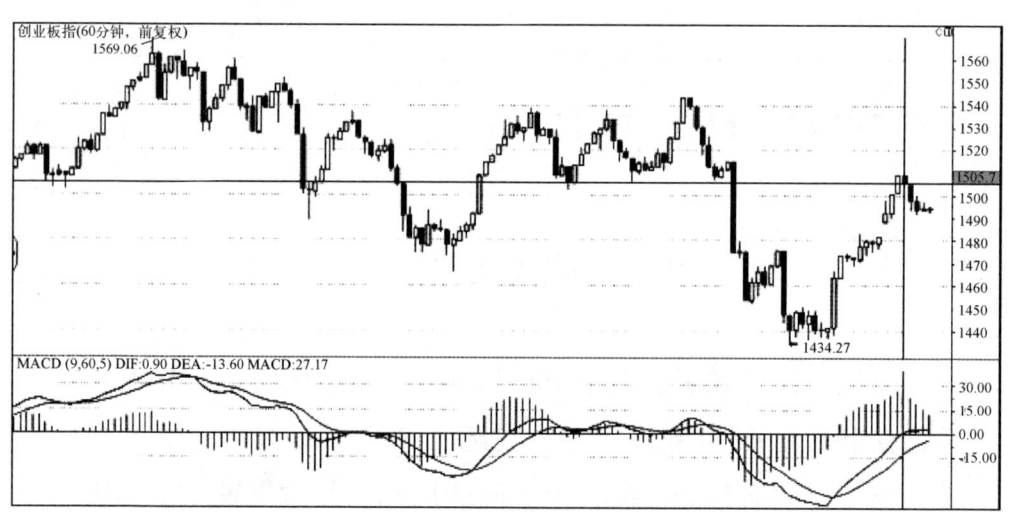

把 60 分钟线的 MACD 的参数调整成（9，60，9），当 DIF 值上穿 0 轴的时候，4 浪结束。昨天下午最后一个小时是穿 0 轴了的，但我为什么没有说这个事，因为我认为这两个 4 浪的划分，

肯定有一个是错的。

如果日线4浪是错的，分时线4浪是对的，那么最差就是市场会再次跌到上周五的那个低点；但如果日线4浪是对的，分时线4浪是错的，那么这里将不创新低，调整一下会再上。

考虑到分时线创业板走得这么快，估计再上的概率大。

------作者点评------

交易决策有时候并不能靠单一的答案，很多决策是多种原因共同作用的结果，它们之间有时候会起到相互印证的效果，有时候会相互矛盾。你要分析这些原因当中的重要性排序，因为在矛盾的时候，要有主次与取舍。

 2014年11月23日

做有意义的事

上周五中午我在文章里写了做有意义的事，很多人说没看懂，所以我今天再详细地写一下。

我本人并非是金融的科班出身，属于后来转行进入到证券市场的，到今天快15年了，我认为能成为今天的我对市场的理解，有偶然的因素，也有必然的因素。在必然的因素里，我一直认为最重要的是独立思考的精神，并且坚持做有意义的事情。

所以我也常提醒大家，一旦我们进入到这个市场里来，你就

十 年

面临最凶猛、最聪明、最专业的头脑的较量，我们是否思考过，我们凭什么胜出。我在十多年前，就慎重地思考过这个问题，最终我得出来的结论是，坚持走自己的路，并且坚持自己走路。

比方说银行降息，估计今天谈论的人会非常的多，但其实这没用，中国股市到底是不是政策市的争论就从来没停止过，很多人争论都不知道为什么争论，**政策出与不出你根本决定不了**，你做这件事，本身就没有意义。

基本面分析，假设业绩报表是真实的情况下，光业绩报表一年四份，就是几千份报表，加上各种各样的信息估计得上万条，这条路可以走，但会比较复杂和坎坷。何况A股也并不是业绩好就涨，大多数涨的股票基本面并不好。进行**基本面研究的，有一定的意义，但并不大，而且很累，永无止境**。

消息面，除非我们自己去挖掘消息，比方说你实地到上市公司去调查一下，他们有没有加班，出货量和进货量，上电力部门打听一下该企业的用电量等。实际上，你挖掘到的信息也不会很多，你总不能潜水下去，看看獐子岛到底可以产多少扇贝出来。

听消息炒股的人，大部分都有期盼着天上掉馅饼的情节，不去思考天上有没有馅饼以及为什么会砸到你的概率。**四处打听消息，特别不靠谱。真有消息的人，他自己还研究怎么偷偷买进去，尽量回避内幕交易的嫌疑呢，怎么会大张旗鼓地告诉别人呢**。

在做了这么多的思考之后，我确认了我的研究方向，因为我认为**价格是包容一切的。政策也好、基本面也好、消息面也好，最终都会反应在价格上**，他们的目的也在价格。所以，理论上我们不需要提前获知政策、研究基本面、挖掘消息面，只监控价格就行了。

喜怒哀乐事，都在价格里。

所以，我认为对于我来讲，有意义的事是做好"价格包容一切"这句话。

利用好电脑和互联网这个工具。江恩曾经雇佣过30多人专门为其进行计算和绘制图表，那个时代是有那个时代的局限性的，电脑是我们这个时代的优势，其前所未有的计算能力，代表了未来的方向，**把电脑和证券更好地结合起来，让交易变得更科学和更简单**。

比方说上上个周五，就是我说创业板指数 DIF 值在参数(8，55，8)下穿0轴的时候，指数见了4浪调整结束的低点，我们的系统自动选出 22 只股票，目前这些股票无一下跌，全部上涨，且远跑赢大盘。

那么4浪调整结束，后面最大的可能性是5浪上升，这是基于另一个原理，就是历史重复发生。

在上升的周期里出利好消息，消息和趋势方向相同，短期会快速而猛烈的上涨。比方说本次降息。

在上升的周期里出利空消息，消息和趋势方向相反，调整一下或横盘，但还是要上涨的。比方说2007年的"5·30半夜加税"，并没有阻止4000点涨到6000点。

在下降的周期里出利空，消息和趋势方向相同，短期会快速而猛烈的下跌。比方说2001年的国有股减持，2008年的国际金融危机，都是下跌周期里出了利空消息，跌速快而猛烈。

在下降的周期里出利好，消息和趋势方向相反，反弹一下或横盘，然后再下。比方说2008年的两次降印花税导致市场的反弹，虽然因利好反弹，但这两次都创了新低。

最终的结论是，市场有自身的规律，**消息面只是暂时的影响价格，无法改变价格的运行方向和规律。**

大盘股指数日线结构已经消失，所以基本上判断是上升途中的调整，60分钟线的顶部结构是判断上升途中的调整，上周对应了一个15分钟线的底部结构形成止跌。小盘股指数日线下穿0轴后，日线的4浪调整结束，目前再走5浪上升的概率大增。

至于央行的加息，研究没有意义，看看这张表，上升周期里，加息连续涨；下降周期里，降息也没用。

市场上绝大多数的投资者，在做与投资没有意义的工作，鉴于时间有限、精力有限，做有意义的事情吧。

原配图（2014112301）

数据上调时间	存款基准利率			贷款基准利率			消息公布次日指数涨跌	
	调整前	调整后	调整幅度	调整前	调整后	调整幅度	上海	深圳
2011年02月09日	2.75%	3.00%	0.25%	5.81%	6.06%	0.25%	-0.89%	-1.53%
2010年12月26日	2.50%	2.75%	0.25%	5.56%	5.81%	0.25%	-1.90%	-2.02%
2010年10月20日	2.25%	2.50%	0.25%	5.31%	5.56%	0.25%	0.07%	1.23%
2008年12月23日	2.52%	2.25%	-0.27%	5.58%	5.31%	-0.27%	-4.55%	-4.69%
2008年11月27日	3.60%	2.52%	-1.08%	6.66%	5.58%	-1.08%	1.05%	2.29%
2008年10月30日	3.87%	3.60%	-0.27%	6.93%	6.66%	-0.27%	2.55%	1.91%
2008年10月09日	4.14%	3.87%	-0.27%	7.20%	6.93%	-0.27%	-0.84%	-2.40%
2008年09月16日	4.14%	4.14%	0.00%	7.47%	7.20%	-0.27%	-4.47%	-0.89%
2007年12月21日	3.87%	4.14%	0.27%	7.29%	7.47%	0.18%	1.15%	1.10%
2007年09月15日	3.60%	3.87%	0.27%	7.02%	7.29%	0.27%	2.06%	1.54%
2007年08月22日	3.33%	3.60%	0.27%	6.84%	7.02%	0.18%	0.50%	2.80%
2007年07月21日	3.06%	3.33%	0.27%	6.57%	6.84%	0.27%	3.81%	5.38%
2007年05月19日	2.79%	3.06%	0.27%	6.39%	6.57%	0.18%	1.04%	2.54%
2007年03月18日	2.52%	2.79%	0.27%	6.12%	6.39%	0.27%	2.87%	1.59%
2006年08月19日	2.25%	2.52%	0.27%	5.85%	6.12%	0.27%	0.20%	0.20%
2006年04月28日	2.25%	2.25%	0.00%	5.58%	5.85%	0.27%	1.66%	0.21%
2004年10月29日	1.98%	2.25%	0.27%	5.31%	5.58%	0.27%	-1.58%	-2.31%
2002年02月21日	2.25%	1.98%	-0.27%	5.85%	5.31%	-0.54%	1.57%	1.40%

作者点评

关于中国股市是不是政策市这个话题讨论的很少,因为大多数人认为炒股一定要听政策的,他们压根就没去想这句话到底对不对,也没有去想你到底怎么听政策的。过去20年里政策导致大盘涨停的一共就四次:暂停国有股减持、停止国有股减持、印花税千分之三降到千分之一、印花税千分之一单边收。

20年里就这么四次因为政策性利好导致大盘的涨停,所有股票都涨停,这算明显的政策利好吧?但如果你认为出了这么大的利好政策,赶紧看多,这四次无一例外的全部成了套牢盘,并且全部创了出政策之前的新低。真正的结果是还不如不听政策的。

你既不知道政策什么时候出来,出来了又无法改变,又不知道怎么听政策的,那你为什么不去怀疑一下,炒股要听政策的这句话是不是对的呢?

基本面分析是有效的,这条路可以走但很累、很辛苦,永无止境。中国股市在历史上炒重组炒故事炒题材的例子很多,基本面在相当长的一段时间内有效果,但效果并不明显。很多基本面的内容专业性很强,普通投资者很难分辨好坏,这还是在基本面不造假也不粉饰的前提下。

消息这条路很多人喜欢、痴迷,甚至神化。市场喜欢炒故事、炒重组炒题材,跟这个市场里的参与者喜欢听消息有直接的关系,但在逻辑上,听消息炒股是最差的选择,没有任何逻辑。

你要看你的消息是"什么消息",大家不知道的消息,那是内幕消息,你买入是违法的,不仅会没收违法所得,还会有几倍的罚款。既然是违法的，那么谁告诉你的，为什么告诉你，他又是怎么知道的呢？所以绝大多数的消息是不真实的。如果你的消息是众所周知的消息，那不叫消息，那叫公告，你没有任何优越性和竞争力。

最终我选择了直接从价格上来研究市场，价格是包容一切的，政策、基本面、消息最终都会反应在价格上。所以针对价格的研究，不仅简单直接，而且合理合法。

这就是本文的关键，你要研究跟交易最"近"的方式，做有意义的事情。

++

 2014 年 12 月 02 日

关于节奏

大盘疯了，大盘股也疯了，你是不是已经控制不住要去追大盘股了？

回顾一下历史吧，我做了上证指数和创业板指数的叠加，2012 年底的时候，市场第一次出现了多指数的周线底部结构，箭头 1 的位置，当时我说那里是系统性的机会，并且是历史赐予我们的周线底部结构，再之前得追溯到 2005 年了。

第一个阶段做超跌股，到 2013 年的上半年，就全面从弱势股转到强势小盘股了，因为超跌股已经走完，市场开始分化。今年的 2 月份，小盘股在当时的最高位的时候，我建议全面将小盘股向大盘股倾斜,大家还记得吗?

大多数人当时并不信,但现在信了。我在当时已经考虑到了节奏的问题,小盘股和大盘股随着股票的数量越来越多,二八行情注定要来回切换,如果当时你做了这个动作,那么现在你可以把2013年的小盘股和2014年的大盘股上涨都赚了,一流操作。

如果你赚了小盘股,然后没有形成交易的"意识",而是习惯于小盘股的交易,这大不了让你错过大盘股行情,好在今年小盘股也在涨,可能涨幅不如大盘股,准一流操作。

如果你坚守大盘股,第一波的节奏不对,但这一波的节奏就对了,况且你买的位置相当低,终究是苦尽甘来,一般操作。

原配图(2014120201)

如果你不懂坚守,看小盘股涨了卖大盘股追小盘股,没怎么赚;看大盘股涨,又卖掉小盘股追大盘股,又没赚到。整个行情

的节奏，完全踏错，这就是绝对的垃圾操作。

我也不想多说什么，现在就算你想买大盘股，你得想几个问题：

1. **你早干嘛去了，低位不买，高位追，你是否有勇气。**
2. **你如果刚好碰到承受涨完的调整，你能否承受。**
3. **后面大盘股还有多少利润。**

——————————— 作者点评 ———————————

节奏做不好，一步错、步步错。

节奏要提前想，不要看到了再去跟。对于节奏来讲，眼睛是滞后的，要靠脑子。

———————————————————————————

 2014 年 12 月 07 日

杠杆的算术题

上周五 A 股再创纪录，两市成交 1 万亿，有钱就是任性。

前两次成交大幅放大，我基本上都是这个观点，纪录就是用来被刷新的，只要这个纪录不是套牢盘，即后面有新的上升让这个巨额成交成为获利盘，基本上就会有新的成交纪录，因为志在高远。

就像趋势不会永不终结一样，成交纪录可以被刷新，但终有一天会终结的，而且会在相当长的时间内成为最高峰值，竞技体育好像也是这样的。所以，我认为用成交是否是套牢盘来判断还是比较靠谱的，即重点观察巨额成交的次日。周五是万亿纪录日，周一也就是明天是重点观察的一天，跟前两次一样，重点观察周五的成交是套牢盘还是获利盘。

另外，我要说的是信用交易的问题，融资增加了8000亿的规模，这个大幅增加的融资额度，是建立在不断上升的行情之上的。部分小型券商，它的融资业务甚至可以是1∶2的融资比例。

如果我们以年为单位，1∶2融资比例，融资成本8%为计息标准。

这一年如果不赔不赚，你要亏掉16%。（1∶2融资，2个8%）。

这一年如果你赚10%，你会赚14%。

这一年如果你赚20%，你会赚44%。

这一年如果你赚30%，你会赚74%。

这就是为什么在上升的过程中有大量的融资资金的产生，市场在疯狂追逐利润。这种疯狂，是前所未有的。

当然风险更是前所未有的，因为这部分资金至少经历过上升，但从没有经历过下降。

这一年如果你亏10%，你会亏46%。

这一年如果你亏20%，你会亏76%。

这一年如果你亏近30%，你会爆仓，被证券公司强平。你输没了。

有很多人根本就没有风险意识，亏小不认输，亏大就更不会认输，直到被证券公司强平，未来一定会有人出现这种情况，是十年不是你？

作者点评

本文说了几个逻辑。

1. 只要有钱，行情就会继续涨，纪录会继续刷新。

2. 本轮的行情，是资金推动型的行情，是杠杆导致的资金推动型的行情，它的模式导致了它的疯狂，只要行情涨，杠杆会越用越多、越用越大。

3. 杠杆是双刃剑，风险那一面没有出现，并不代表不存在。

4. 因为中国股市第一次出现杠杆推动的行情，以前没有遇到过，并且用杠杆的投资者也是第一次用这么多、这么大的杠杆，他们大多数人没有风险意识，也没有风控标准。

5. 杠杆引发的强行平仓在未来一定会出现，会出现在行情下跌的时候。但一直涨就会一直隐藏这个风险，这个风险不是消失了而是隐藏了，行情不会只涨不跌，风险迟早会暴露出来，希望用杠杆的建立风险意识。

2014年12月28日

监管要有大智慧

本轮行情是资本推动型的行情，是融资融券和股指期货为核心的资本推动型的行情。其实也可以叫做信用交易或杠杆交易大发展的一年。

融资余额达到万亿,融资融券属于信用交易,信用交易也可以看做杠杆,只不过杠杆的比例相对比较低,通常证券公司的融资比例为1:1,即一倍杠杆,期指是7倍多的杠杆。但部分小券商,融资的比例高达1:3左右,前些天管理层查融资融券的情况,主要就集中在这个领域。

实际上这个问题并不好解决,因为**投资者一旦尝到了信用交易融资的甜头,你如果关闭官方的高融资比例,他们会冲向民间的融资**,以民间借贷的形式,证券领域称之为:配资。而配资行为本身,又不违反法律层面的问题,只不过是道德层面的。

之前我曾经提出过,**证券公司大力发展无风险意识的投资者参与融资行为是不负责任的**,现在这个风险还没有释放,但民间的配资行为将更不负责任。所以监管层若管的太猛,投资者会向民间借贷转,到时风险更大。

若不管,资本推动型的行情会越涨越高,泡沫越做越大。比方说蓝筹股的价值投资,怎么在过去的几年都没有价值投资,突然在这半年就有了价值投资?巴菲特提倡价值投资,但它买股卖股都在择时;索罗斯做空的核心绝不只是映射理论,但他却谈映射理论。

本轮行情启动的原因根本不是价值投资,本质是资本推动型的。而之前我也说了,资本不会雪中送炭,只会锦上添花。市场不涨,它们还是不会进来的,**涨了导致它们进来,它们进来又导致继续涨,继续涨导致进一步的社会资本从银行或其他领域向股市搬家。将来呢,行情一旦下跌就会导致融资出问题,融资出问题导致强平，强平导致行情进一步跌。

这是同样而明显的逻辑。

面对信用交易，管理层目前面对股市，其实跟面对楼市是一样的，既不希望大涨更不希望大跌。房价的泡沫爆裂，使得房市未来相当长的一段时间内缓不过来，银行的不良资产大幅增加，民众的财富极度缩水，甚至很多个人或家庭变成负资产。股价的泡沫爆裂，是会让这些融资的知道了风险意识，但**融资盘的强平行为，引发市场更大的动荡，也会引得股市在未来相当长的一段时间内缓不过来**。

所以市场最希望的是把泡沫做实，房价不希望跌，股价更是。因为股价上涨能让更多人的消费能力变强，资本利得要比工资的消费能力强太多了。当房地产作为支柱性产业已经无法继续的情况下，刺激消费就是经济拉动的下一个甚至可能是唯一一个出路。

但融资行为和杠杆交易的大发展，是之前没有遇到过的，在中国的金融史上从未出现过，这就给未来的监管形成了前所未有的挑战，**需要管理层有大智慧**。

------- 作者点评 -------

本文主要是给管理层提个醒，这件事会有问题，而且这个问题不好解决。问题出现在高杠杆，我描述了必然会出问题的逻辑。我说管理层处理这件事要有大智慧，这个确实是需要大智慧的。

市场出现了很大的泡沫，你不得不防范它，还不能戳破它。

证券公司将不懂杠杆的投资者发展为杠杆投资者，埋下隐患，还不能简单的管控金融机构的杠杆。因为如果没有限制民间的高杠杆，你控制官方的杠杆，资金就会冲向民间的更高的杠杆。

所以这个问题要小心谨慎还要注意顺序，得有大智慧啊。

2015 年

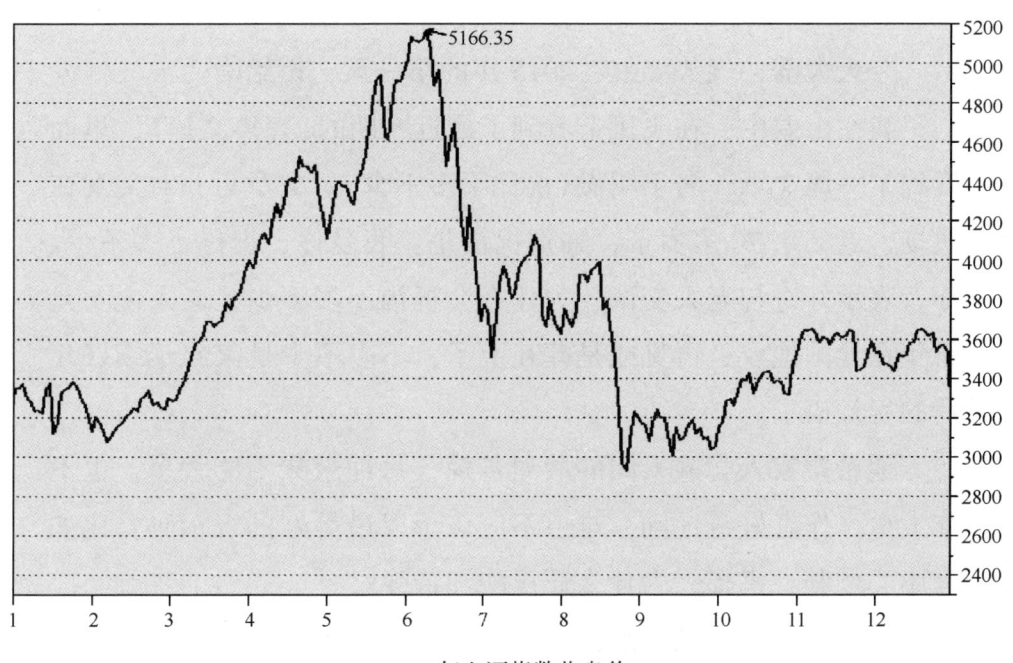

2015 年上证指数收盘价

2015 年

十年

2015 年 01 月 05 日

新年第一天

今天大涨,气势如虹,2015 年的第一天,挺给力。

我在出差中,在飞机上看到了最近一期的《青年文摘》,里面看到了一篇文章,名字叫做《祝你不多不少》。文章写一对父女在机场,老父亲 70 多岁了,临别祝福是:我爱你,祝你不多不少。作者表示好奇与老人交谈,为什么会祝福不多不少,老人说女儿常年在异国他乡,再见或是葬礼上了,不多不少是家族延续好几代的祝福语了。

他希望家人尝遍人间的酸甜苦辣,每种滋味不能太多,也不能太少。作者好奇地问,难道不应该予以最美好的祝福吗?比如健康、顺利、幸福,为什么还祝酸和苦呢?

老人家像是吟诵一般:

我祝你沐浴阳光,不多不少,刚好能保持开朗的心态;

我祝你遭受风雨,不多不少,刚好能懂得感谢阳光的温暖;

我祝你喜逢人生乐事,不多不少,刚好能让心灵获得健康的滋润;

我祝你经受痛苦,不多不少,刚好能学会从生活的小事中找到人生的快乐;

我祝你有所获得,不多不少,刚好能让你获得成就感;

我祝你有所失去,不多不少,刚好能让你学会珍惜拥有;

我祝你与亲朋相聚，不多不少，刚好能让你经受住最后的告别。

再想想今天的行情，这里曾是最坏的股市，也是最好的股市。不要抱怨指数涨了个股不涨，除非你忘记了连续一年半多的指数不涨而个股上涨。不要感叹股市涨的"不正常"，极限交易在绝大多数时间里不会出现，是小概率，但大概率的存在本身就代表了小概率的必然，这才是正常的。

11年前的2003年，我经历过类似的一波行情，当年非典，五朵金花行情，跟现在一样，大盘涨大盘股涨，大部分股票反跌。我曾在2008年所著的第一本书《数字化定量分析》里写过这个经历，那是我投资生涯里最惨的一次交易，当我从交易大厅里出来，整个世界都没有颜色，这是真的。

所以，今天我特别感谢那次经历，让我永远都把风险放在第一位；让我在小盘股的高位进行了小盘股向大盘股的部分转移；让我从头到尾，对于股指期货都是看多，且只看多，坚定做空没有信仰。尽管我没有全部都是大盘股，但我还是知足，我觉得刚刚好。

大小盘股，不多不少。

在这里，**无论你是开怀或是沮丧，这种经历都是终身难忘的**。你若开怀，希望刚刚好，别太好，因为当你自以为安全的时候，风险会如期而至。你若沮丧，也希望刚刚好，你会铭记这次行情，而会做好下一次类似的行情。

在股市里，大家会尝遍股市里的各种滋味，并借用上面老人家的话：祝愿大家不多不少。

---作者点评---

不多不少,我很喜欢这种"平衡"的状态,平衡两个字在本书当中起到了很重要的作用,它他代表了我一个很重要的思想,就是平衡。

股指期货是因为机构多空出现了失衡。

2015年股灾是因为做多的杠杆和做空的杠杆出现了失衡。

 2015 年 03 月 01 日

降息会涨吗?

证券从业是在放假的时候有优势的。比方说串休,星期六或星期天别的行业都因串休加班,但证券行业就不是必须的,不开盘没有行情啊,来了干什么?终于,银行业开始嫉妒了,央行周六下午出台降息,证券业开始连夜加班开会商讨对策。

对策,嗯,对应的策略。**你问我有没有对策,我经过思考,结论是没有**。

原因有两点:

1. 这个是首要因素,货币政策也是政策,对于中国股市到底是不是政策市,一直争论不休,而且这个争论有意思的是,信与不信都非常坚决,都自认为是正确的,互相指着对方说对方不懂。

我先说我的，我是坚决不认为中国股市是政策市，前面的文章也介绍过，大盘因为政策四次涨停，无一是反转，都以创新低为代价。大盘因政策两次大幅低开，前不久股指期货还首次跌停过一次，也无一例外，后面都创了新高。

也就是说，股市政策导致方向改变的例子我印象当中一次都没有，更何况货币政策对股市的影响，它还是要略逊于股市的直接政策的。所以扪心自问，你会因为这个政策而去改变自己的操作吗？我想大多数人，是想看看这个政策之后市场反应的热闹而已。

市场的根本还在于趋势。简单来说，下降趋势里，利好政策高开低走；上升趋势里，利好政策高开低走、然后再走高，为什么？因为原来就是要走高的啊，上升趋势里出利好，加快了走高的速度，先进行消化利好，修正速度带来的差异，然后该怎么走还怎么走。

2. 有时候你还是比较将信将疑，因为在股市里很有意思的一件事就是，一句话说的人多了就是真理。很多人认为中国股市就是政策市，先定基调，再去找原因。你可以事后找到为什么上涨或下跌的政策原因，就像你唱一千个伤心的理由一样容易，但你真的思考过这三个问题吗？政策什么时候出？你能改变吗？你如何跟随政策？这三个问题如果你认真思考过，估计你就不会再去研究政策了。

---------- 作者点评 ----------

每次货币政策降息或降准，都会拿来说股市，但对股市的直

接影响一点都不明显。所以，我这篇文章就是定个调调，我没有对策，因为我认为货币政策对股市的影响很小。

至少之前是很小，后面会不会变大，我不知道。美联储的货币政策对股市影响是比我们明显多了。

2015 年 03 月 02 日

做图说明

昨天我在谈论央行降息政策时候说过这样一段话：如果大盘在下降趋势，遇利好政策高开低走；如果大盘在上升趋势，遇利好政策高开低走再高走。很多人看不懂，我做两张图给大家看。

第一张图是下降趋势的，下降趋势里出利好政策是常见的，以至于每次市场出现下跌，都期待管理层"救市"，其实市场如果出现了救市，说明市场已经不行很长时间了。我们可以从2008年的两次降低交易印花税的涨停，到其后又创新低，说明政策只是临时改变走势，无法改变趋势的方向。

前些天查券商两融导致行情跌停，也没有因此反转，后面又创新高。所以政策只能是改变暂时的走势，无法改变规律和方向。

第一张图是下降趋势，在下降趋势里出利好之后会高开，波动偏离运行规律，然后重新回到规律当中。

第二张图是上升趋势，上升趋势里出利好也会高开，但上升

趋势也有一个波动向原有运行规律回归的过程。比方说今天，我昨天说高开低走再高走，几乎跟我说的一样，就是这个道理。

原配图（2015030201）

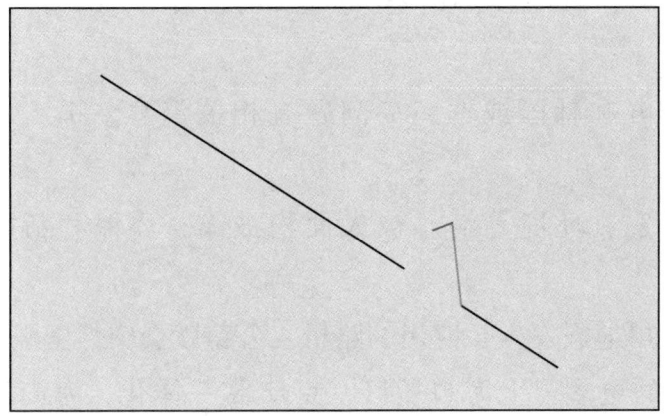

原配图（2015030201）

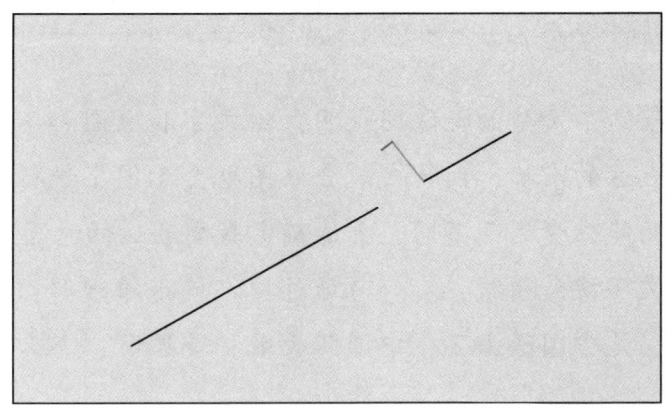

所以货币政策或其他什么政策，以后我们面对的时候，都是这样的，无法改变市场的运行方向。

遇到柴静概念股这种现象，我们又该怎么面对呢？它的核心是考验你对突发事件的快速反应。突发事件只要有足够的关注人群就会有市场的炒作热情，我来举例：

1. 有一年大雪化成冰压塌了电线铁塔，相关概念股迅速反应，连涨 5 个涨停。

2. 非典、禽流感、埃博拉等只要消息爆出，医药、医疗就迅速反应。

3. 朝鲜和韩国或钓鱼岛问题有相关消息，军工股就迅速拔起。

4. 雾霾、环境等消息被大面积披露，环保和新能源就开始涨。

5. 汶川地震发生，四川的路桥、公路就会突然上涨。

短期的更多，上海自贸区，京津冀一体化，海南国际旅游岛，一路一带等，这些其实都是练你的反应能力的。

作者点评

文字表达不清楚的就做图说明，但文字和做图都不如我盘后的语音课表达的准确，因为我既会做图也会于图上进行定点语音讲解，里面能感受语气不同，更能确定我要表达的意思。

中华文字博大精深，有一句话外国人就很难理解：中国队大胜美国队，是中国队赢了；中国队大败：美国队，怎么还是中国队赢了。

2015 年 03 月 31 日

前 4 代投资者哪去了？

我一直试图形容，这波的风险在于信用交易的风险承受能力。以新股民为主的投资者操作手法极猛，**有人说这是中国的第 5 代投资者**。讲到这里，我们不仅要想一下，前 4 代投资者哪去了呢？其中一大部分，被市场干掉了。

信用交易并非是不能做，只不过不应该是这部分新投资者去做，因为他们对市场知之甚少，导致对即将到来的"剪羊毛"式的行情没有防备。1.4 万亿的额度，虽然并不算特别的高，问题是我们从来没有遇到过这么大规模的融资金额，在过去的金融史上从未出现过。

假如市场是成熟的，投资者也知道什么是风险，这个地方其实不会有太大的问题，只要市场走慢牛，信用交易的金额会始终保持一个常量。**使用这么大金额的人，绝大多数是新投资者，他们还不够成熟，一群不成熟的人用了这么疯狂的钱，不出事反而是怪事**。

我只希望别在市场里出现群体性的强平行为，那时候如果没有市场接盘的人，市场根本扛不住那浩浩荡荡的强平单，短期跌幅巨大，会让高杠杆的人为了维持仓位不被平掉而四处借钱维持，而最惨的是最终还是维持不了。

信用交易巨大危机的爆发，我认为是在所难免的，而只有这

十 年

样的危机爆发之后，信用交易才真正地在大家心里有了正确定位，以后类似的风险才会变小。

而这一次，将成为一部分投资者的，宿命。

作者点评

来一波牛市，就有一批投资者入场，然后熊市将他们消灭。然后再来一波牛市，就再一批投资者入场，然后熊市再将他们消灭。牛熊的交替是永恒的，经过时间的洗礼，到了第5代投资者了。当然很不幸的是，后面股灾的时候，第5代投资者也被市场消灭了。

有时候我在想，这一批又一批的新投资者的财富都跑哪去了？有人说蒸发了，有人说跌没了。他们投入的是真金白银，蒸发了，你以为是水蒸气呢？跌没了，没了到哪去了呢？这是个非常简单的问题，但好像没有很多人认真思考过这个问题，这么多投资者损失了，钱跑哪去了？

我认为亏损投资者亏的钱，跑到盈利投资者的利润里去了，市场波动相当于财富的再分配。大多数人买入的位置都是看到身边的朋友交易在赚钱，那应是牛市的中后期了。而在牛市的初期或熊市的末期赚钱的可能性是最大的，可惜多数投资者不会在这个位置入场。原因很简单，因为没有财富效应。

所以结论是：除去交易各项手续费，顶部买入的财富损失，成为了底部买入的财富收入。这个结论很有意思，值得大家深思这个结论背后深邃而简单的思想。

后面我提到的关于一些交易风险的警示，股灾时都成了真。

2015 年 04 月 12 日

建立国家战略级基金(救市基金)

连上了三天研究生哲学课,对我的帮助很大,尤其是提到了波普尔,著名的投资大师索罗斯就曾经是波普尔的信徒,在投资生涯早年,在书店里偶遇波普尔的书,奉如珍宝。成名后他不掩饰地说,波普尔是他建立投资核心思想的最重要的人。

当然,我曾经为了试图了解索罗斯是怎么在波普尔的哲学上汲取能量的,也去买了波普尔的哲学著作,包括《科学发现的逻辑》《开放社会及其敌人》,说实话这两本书,其中的大部分我看不懂。后来我又买了索罗斯自己写的关于哲学的《金融炼金术》,其中的大部分也没看懂。但我明白了一个事,就是时刻保持对市场背后形成的原因进行深入的思考。

"勤于思考"这个习惯,给了我投资生涯很大的帮助。

之前,我就股指期货多空失衡进行过深入思考,后来股指期货从投机做多限制为 100 手逐渐放开到今天的 5000 手,鼓励以资产配置为主的多头,机构不再严格要求必须做套期保值等,市场正在逐渐平衡,逐步解决曾经出现的多空失衡的问题。

当然随之而来的,是新的问题。

那就是信用交易的问题,为了刺激低迷的市场,管理层决定开放两融业务,在熊市里大胆推出,但当时没有行情导致资金不进来。记住它们不是进不来,而是自己不愿意进来。

现在呢,原本几块钱不买的股票,在上涨了几倍之后,低位不买,高位抢着要,证券公司排起了开户的长队,这种情况从有股市以来到现在,周而复始,屡试不爽。

我管它叫剪羊毛模式,即等羊毛长得足够长了,必然会剪,唯一还没有剪羊毛的原因是,羊毛长得还不够长。用下跌让高位买入的财富迅速缩水,跌到低位,这些人再重新进来养羊毛,等待下一次剪。看看宋鸿兵的《货币战争》,美国的资本家用同样的方式来掠夺社会财富。

但我们这一次遇到的,是前所未有的信用交易大爆发所带来的资本推动,即在中国的金融史上也从来没有经历过。资本是一把双刃剑,它能加速行情的上涨,同样能加速行情的下跌,还能造成因信用交易平仓而导致的崩盘。现在的行为模式过于一致(杠杆做多),直接导致将来的行为模式过于一致(强行平仓)。

这将给监管层带来绝大的考验。

哲学层面告诉我们,市场有无形的手。我一直以来都是极力反对市场在政策上干预市场的,即熊市里不应该救市,牛市里也不应该打压,市场有自身的规律。如果熊市里出利多的政策救市,在熊市里其实没什么效果,而到了牛市里就会被放大,助涨。如果牛市里出利空的因素,在牛市里也没什么效果,反而到熊市里助跌。

所以,政策性干预,总是会不可避免的"矫枉过正"。不要去试图管市场,政策只需要保证制度的公平,信息的公开透明,市场的事,让市场自己去解决。越是简单的制度,越是有效。

中国股市每一波牛市,都以牺牲一代人的财富作为代价,就是上面所说的被剪羊毛了。我似乎看到了这一波即将到来的事情，所以这一次，**我希望我们的管理层做好充分的准备。因为我们从来没有遇到过这么大规模的信用交易，信用交易在上升里没有问题，就像美国的次债危机，连续很多年都没有问题，因为房价一直在涨。可是一旦行情转为下降，就会引发泡沫爆裂而带来危机。**

本次 A 股的危机会非常大，而这将导致很多人的财富瞬间化为乌有，这就是前些天我说的宿命论。而我担心的是，一致性行为导致的市场形成群体化行为，群体行为会产生金融市场的"踩踏"事件，担心市场比我想的要更严重。

这个规模有多大呢？

看以下数据：两融 1.6 万亿，伞形基金 3~4 千亿，民间配资 2~3 千亿，加起来有 2.1~2.3 万亿。

强烈建议管理层建立国家战略级基金，因为一旦这个泡沫崩盘，市场会完全承受不住。不要政策干预，政策干预总会出现上面说的矫枉过正。而要直接市场干预，用市场的手段来调控市场，这才是真正的市场调控。

真正的牛市是慢牛，快牛必不会长久。慢牛能让绝大多数的人、在绝大多数的时间里"轻松"盈利，现在的盈利轻松吗？不，很多投资者，你们根本就不知道你的对手有多可怕。

祝愿中国股市一切安好，或者祝愿中国股市未来比现在更好。

作者点评

本文是在股灾前的两个月写的，我写了几个核心观点：

1. 杠杆的形成是以为政策的"矫枉过正"，熊市的时候推出两融，熊市的时候没怎么用，但在牛市的时候两融被用到极致。

2. 信用交易在上升里没有问题，就像美国的次债危机，连续很多年都没有问题，因为房价一直在涨。请注意，我说的在上升里没有问题，并不代表信用交易没有问题，上升掩盖了这个问题而已。但当时规模已经很大了，我们历史上没有出现过信用交易的危机，并且是这么大体量的，我主要是想提醒管理层。

3. 我首次提出建立国家战略级基金。原因很简单，我认为这个信用危机一旦爆发，什么利好政策都没用，唯一一条出路就是直接入场干预。尽管我一向不主张干预市场，但我认为不干预市场对于信用交易的爆仓无解。但想干预得有钱啊，我早就想到了这一层，所以也是提醒管理层，如果管理层也想到了这一层，可要提前准备资金了。后来股灾发生了，也确实成立了国家队进行救市，跟我几个月前讲的并无两样，但我认为如果提前准备，也许市场不会那么严重。

2015 年 04 月 14 日

趋势策略与震荡策略

在程序化交易里，分为趋势策略和震荡策略，它们各有优缺点，就像左侧交易与右侧交易一样。

在实盘程序化交易里，跑趋势类的策略大概在 80% 左右，震荡类的策略在20%左右，主要原因并非是震荡类的策略不够好，而是震荡的幅度不好定义而已。最近我编写的九转序列，不是用空间而是用时间来解决震荡的问题，但也不是能完全解决。趋势类的策略，简单而直接，好编写，获利的时候获利大。所以大多都是趋势策略。

实际操盘中，我们会遇到很多实操的问题。比方说你用趋势类的策略在去年的上半年就会反复挨打，我曾经演示过一个趋势策略，一共出现过9次信号，第9次是在2100点出现的买入，到现在一次卖出信号都没有，你觉得很牛吧。可是在之前除了第一次是对的，后面的7次都是错的，虽然错的幅度都不多，但错的次数多，错的次数多你肯定就会怀疑，怀疑一旦形成，最致命的问题就来了：丢趋势。

低迷的时候，我说得最多的一句话是，我们不习惯牛市了，忘了牛市，忘了单边操作策略了。所以，我会在震荡的时间长了，会思考单边市，配置单边策略，在单边的时间长了，会配置震荡策略，目前来讲，整体的表现还是非常不错的，我也没打算做任何改变。

最后做一点说明，**在数据上震荡时间充斥了80%，但利润绝大多数来自20%的单边**。你要承受震荡行情带来的坏，才能享受单边行情带来的好。当时说得最多的一句话是：今天你承受的所有的痛苦，都将成为未来幸福的原因。

时至今日，这话要这样说了，曾经你承受的所有的痛苦，都成为了今天幸福的原因。

它有其必然性，但单边市过渡到震荡市，还算是温柔的，6124是单边上升直接转到单边下跌，这种最不好防都不敢相信。

十 年

况且生猛的打法都是新股民，无知者无畏，不懂风险反而乱拳打死老师傅，打得整个市场都懵了，哈哈。

但他们有个致命的问题，不懂卖，不肯卖，也不想卖。主力也深知这一点，不怕涨，他们不跑。剪羊毛是所有国家股市的通用做法，目前还没有剪，只是证明羊毛还不够长，问题是我们不知道什么时候开始剪羊毛，也许就**在你自以为安全的时候，风险会骤然降临**。我说的骤然是有深意的，杀就要杀你个措手不及，要不就没必要杀。

原配图(2014041401)

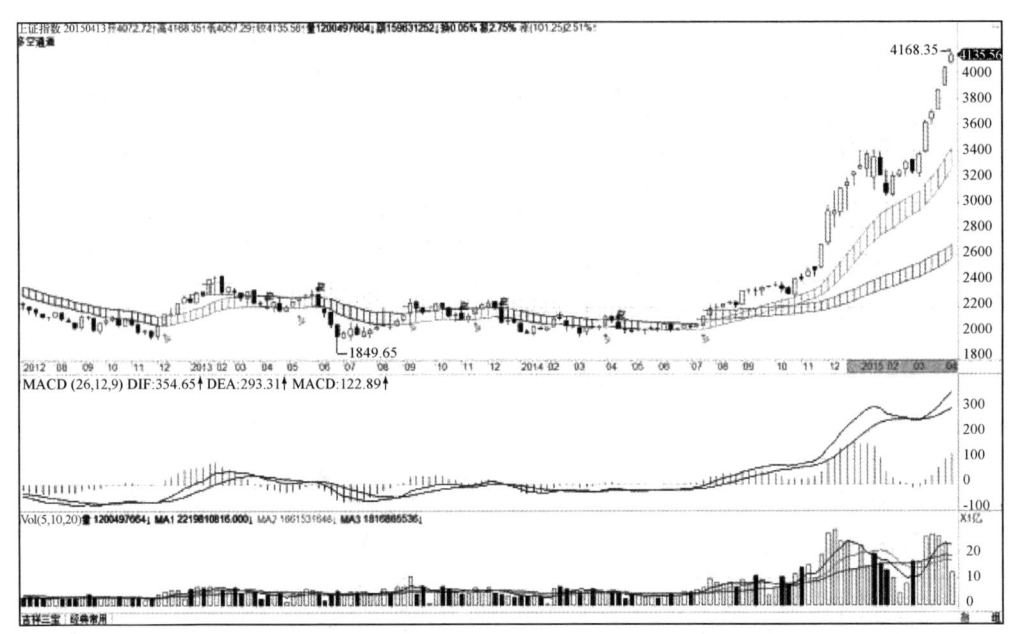

------ 作者点评 ------

二八现象，这是个很哲学的话题。

20%的人拥有80%的财富；20%的品牌占有80%的市场份

额；20%的顾客带来80%的企业利润；20%的作者发表了80%的精品文章等等。

股市里80%的时间是震荡市，20%是单边市，但80%的利润却是在20%的单边市里出现的。这句话非常重要，大家可以回忆一下自己股市财富增值的情况，大幅增长的阶段都是市场大机会、大行情即单边大涨的时候创造的。

这也是为什么我的核心交易思想是：趋势为王、结构修边。

 ## 2015年04月19日

问题不在估值而在杠杆

这个周末很热闹，但似曾相识。历史往往重复发生。

上次是查两融，市场爆出融资额超标的强平谣言，当天A50外盘大跌，A股直接大幅低开，股指期货首次跌停，相关部门紧急辟谣，希望市场不要过度解读。A股转危为安。

本周鼓励融券，同时限制券商任何方式的伞形基金和民间配资的支持。一个政策偏空，一个政策限多，赤裸裸的利空。外盘A50大跌6%，周一还不知道A股低开多少呢。相关部门再次紧急辟谣，说不是刻意打压股市，希望市场不要过度解读。A股会否转危为安？

首先我绝对支持打击伞形基金和民间配资，因为他们的杠杆都过高，而懂行的都明白，从券商到信托、到基金管理人、到民

十年

间配资，平台方都没有什么风险，风险全部转嫁到投资者那，早晚会出事，而且是必然出事。我只是很奇怪，为什么一直都没出事。并非是我盼望着出事，而是既然我们逃不掉，越早出问题风险就越小。

在上周我曾经提到过这样的思想：这个事必然会爆发。现在其实要想怎么救。上涨导致亢奋，亢奋导致加杠杆，加杠杆和亢奋导致上涨，然后重复至今。前提是股市必须一直涨。

可股市怎么会一直涨呢？一旦股市转为下跌，就会变成下跌降低亢奋，亢奋降低杠杆加得就少，杠杆少了资金供需关系就会失衡，无法维持原有模式，进一步导致下跌，进一步下跌导致杠杆平仓盘越来越大。强行平仓的方向空前一致，导致或引发群体性行为，然后出现严重的"踩踏"，你若不提前准备，对不起，**我敢说，到时候政策都救不了股市。**

杠杆引发崩盘，断崖式下跌。成也杠杆，败也杠杆。

别跟我说美国的杠杆常年存在于股市，最大的区别是，人家用杠杆的是成年人，咱们用杠杆的是孩子，没有任何风险意识的孩子。我仿佛看到了市场已经挖了一个大坑，然后准备埋了他们。

上一次我在谈到这个环节的时候，提出了一个主张：我极力反对政策性干预市场，当年低迷出了两融，但低迷的时候照样低迷，两融没用。牛市来了，低迷时候出的政策被用大了，加速了市场的泡沫，政策矫枉过正。

泡沫大了，管理层希望控制节奏和速度，出鼓励融券等有利空方的政策，牛市可能没什么反应。可一旦转熊，加大崩盘的风险。（我甚至怀疑给高层出主意的智囊团里有超级猪队友。）

也就是说，政策性干预，你不管出什么政策，都会存在矫枉过正的风险。而一旦市场转跌，挨骂免不了的。这非常的不聪明，也没有意义，市场并不按你想的方式去走。

学学美国吧，**尽量少的政策性干预，尽量少的管市场，越是简单的交易规则，越是有效。**

少管，并非是不管。关键看怎么管，我建议建立国家级战略基金，别用政策管，政策上面说了总是会"矫枉过正"，直接资金入场，关键的时刻、要命的时刻，直接做多或做空进行市场对冲。

用市场的方式调控市场，才叫真正的市场调控。至于市场政策，只需保证简单、公开、公平就足够。

另外，别想着给股市降温了，想想怎么救市吧，不管出什么消息，或出不出消息，至少有一波断崖式的崩盘来袭，部分信用交易的投资者，无法挽救，这是他们的宿命，这就是我提出来的投资者宿命论。无论我们想，亦或是不想，成熟都是要靠牺牲这一批人换来的。

这篇文章可能会让你有点精神错乱，或者认为我精神错乱了："股市这么好，你小子建议准备救市，这行情救个啥啊"。

同时很多人表示，A股的估值已经不正常了，表示已经看不懂了。这句话说得像A股曾经正常过，我们曾经看得懂似的。

问题根本不在估值，而在杠杆。

作者点评

这篇文章加重的部分，如果在股灾之后回头写出来，那没有感觉，但在股灾之前写出来，现在回过头来看，都是精华。

2015 年 04 月 20 日

让配资的经营逻辑不成立

周末的两个消息,我分别来说。

第一个是鼓励融券,同时限制伞形信托和民间配资。这确实不是打压股市,而是调节融资融券的平衡。但其实平衡的调节不是政策调节,而应该是市场调节。融资远大于融券这是必然,一是因为行情关系,这行情谁融券啊。另一个是因为属性关系。即便在平衡的市况里,融资也会远大于融券,作为上市公司本身来说,也更愿意出利好消息、正面新闻,不愿意出负面新闻。从这个角度,融资大于融券也是必然。

目前可能出现了融资远大于融券的情况,这也是一种失衡。所以这个消息倒不是为了打压股市来的,这点我信。但属于偏空的消息,尽管不是很重要。辟谣只是让市场不要过分解读,并不否认这是一个偏空的消息。

关于伞形信托和民间配资证券公司不得以任何方式参与,这个才是重拳。因为不论是伞形信托还是民间配资,必须得有证券公司的参与,包括恒生的 HOMS 系统。因为这里面有一个重要的环节,就是本来应该出借方出资给受借方。只有证券系统才能干成借钱的给出借的打钱。这里面如果没有证券公司参与,没有 HOMS 的分账户功能,整个逻辑都不成立。而单纯从民间借贷的角度,证监会管不着这件事,这事归银监会管。但证监会能管证券公司，只要让逻辑不成立，不就是间接地管了这事吗？这么做很有智慧，为证监会点赞。

用伞形信托和民间配资的人，交易上你还不好监管，恒生HOMS系统有"阅后即焚"功能。又不是自己的名字，内幕交易都没法管，因为不存在自己或亲属的关联性。又能用很大的杠杆，内幕交易做一把就收手，一辈子也许都够了，监管难度很大。

这种杠杆本身要比证券公司的融资大很多，相对等的风险也是最大的，封死了这个窗口，就相当于封死了部分信用交易的新增资金。这才是引发市场周五外围A50大跌的最主要原因。

上一次是查两融，A50就先跌，股指期货甚至以跌停的方式回应，市场骂声一片。这一次A50又大跌，相关部门可能是担心市场反应过大，所以和上次一样马上辟谣。有人笑称这个周末太刺激了，在意淫中完成了300点左右的来回。

领导层也不容易，这节骨眼上，不管市场，市场就太放肆了，管就容易挨骂，理解万岁吧。

第二个嘛，至于大幅降准1个点之前很少见的，大部分都是0.5左右，这对市场来讲是利好，因为新增了1.2万存量资金，尽管央妈希望这部分钱能进实体，但估计最终还是变相会进入到股市。如果没有上面的利空，这个消息估计大盘高开2%以上了。

一空一多，也算是不空不多。今天市场反应平淡，要做的监管和调控也做了，这也许是最好的结局。

至于下跌，真正的猛烈来自下跌的中后期，因为信用交易的平仓盘引发的群体性踩踏。

怎么破这个局，需要有大智慧哦。

------- 作者点评 -------

恒生的 HOMS 系统在股灾时，惹了大祸，虽然是配资惹了大祸，但没有 HOMS 系统就不会有这么大规模的配资，没有那么大规模的配资就不会有那么大的风险。股灾爆发的时候，先是配资爆仓，然后是伞形信托，再然后是融资。配资起到了股灾导火索的作用，而恒生的 HOMS 系统就是制造导火索的工具。

后来被罚了几个亿，别不服，HOMS 系统惹的祸比这大几十倍。

2015 年 04 月 21 日

慢慢变老

今天听说，很多身边不懂的大赚。这句话的内容相当丰富，首先是不懂股票，其次是大赚。

其实现在就是这样，不懂的人大赚，懂的人反而小心翼翼。然后懂的人开始被不懂的人洗脑、吸引，各种羡慕嫉妒恨，哈哈。然后开始怀疑自己曾经接受的知识体系，是不是错乱了。

面对此，我只想说一个事，从上面这句话本身，首先能够看出，不懂的人绝不是在低位进场，而是在半山腰，甚至更高的位置进来的，半山腰至少在曾经也算是高位了。所以从位置上，老股民相对进得早，出来得也相对早，空间上并不比新股民差很多。

其次，不懂的人大赚。这有点意思，也就是说，即便在相对高位，现在回过头来看是半山腰的地方进来，也能大赚，这就代表了，他们重仓，而且不知道跑。因为如果知道跑的话，就不会大赚。

这个逻辑的根源在于，他们本身从没有过要跑的想法，要勇猛、要勇敢。这类人，基本无需担心，整个就是赌徒心态，他们过去、现在、未来都不会跑的，**直到有一波行情深深地伤害了他们，他们开始反思、开始思考，开始慢慢变老。**

变成老股民之后，看下一批新股民继续勇猛。

周而复始。

你认为是怎么变成老股民的？这就是最佳答案哦。

 2015 年 04 月 27 日

别盲目自信

对于股指期货，我一直以来都是这个结论：永不做空。

十 年

因为不只是在现在,在很早以前,我就得出这个结论。真正的逼空,其实不是出现在低位,而是出现在高位。低位做空的人本来就少,但到高位做空的人才多,你会错误地认为高位做空是"正确的"。

正确,会让你坚持,甚至死守。然后就算你之前对了多少次都没有用,只要有一波"极限"行情,你就完败了。我之前做了对股指期货非常深入的思考,并得出这个结论。

这一波虽然我仍然判断市场会有"上升途中"的快速回调,但我在学员区反复说过,股指期货我不仅永不做空,而且甚至不会平多,做多要傻一点,还记得我之前说的傻傻做多吧。我判断好几年的上升周期,即便有一天我认为周线或月线都见高点了,我最多就是平多,依旧永不做空。

两融现在1.73万亿了,又增加了一大截,这还不算伞形和民间配资。

我依然会坚持这块会有问题,但问题会出现在下跌过程里,下跌导致资金链紧张,导致杠杆的强行平仓,强平行会导致进一步下跌。就跟现在的逻辑是一样的,杠杆导致上涨,上涨导致更大的杠杆,**只要一直涨就一直没有问题**。但并不代表这个问题不会出现,我的结论是必然出现。

举两个例子:

1. 美国次债危机,之前十多年都没有问题,因为房价一直涨,跟现在的杠杆行情一模一样。而一旦房价不涨,次债危机就爆发了。

2. 美国长期资本管理公司,连续20年走敞口的对冲,都没任何问题。用了30倍的杠杆,直到有一次,敞口越做越大,如果它有资金持有到合约到期，它依旧是盈利的。但在到期之前，它爆仓了。

这两个例子，一个是大杠杆的风险，一个是价格转向的风险，目前我们这两个风险都存在，只不过**市场还处于博傻阶段，上涨就有资金进来，资金进来就涨**。但这并不能证明我说的信用交易会有一次大风险的集中爆发。

我要说明两点：

1. 我不支持空仓和轻仓，从不支持这样做，因为我从来不判断这里是筑顶，不管将来的跌幅有多大，有多吓人，都是上升途中的快速调整。很猛，但很快结束。

2. **别盲目自信，真正输的人，不是输在贪婪和恐惧上，贪婪和恐惧是人性，人性无法消除。绝大多数下是输在：你觉得你NB，你觉得你行，对市场缺少敬畏之心。**

作者点评

贪婪和恐惧是人性，人性无法消除，我们要明白人性是无法消除的。所以我们不能总用人性来解释失败，这成为了很多失败的通用借口。盲目自信是失败的重要原因之一，并不只在股市上。

你败在了，你觉得你行。

十年

2015 年 05 月 20 日

趋势为王，结构修边

这是一个大的趋势，在这个大的趋势里，几乎所有的下跌都是上升途中的下跌，这个观点我也一直没有变过。另外我还有一个观点，就是信用交易会有一个快速而大幅的下跌，虽然仍定义为上升途中的调整，但由于级别比较大，建议重点防范。从级别的角度，当然是首先要防日线的顶部结构了。

到目前为止，大盘股和小盘股的日线顶部结构一直没有形成，每次都被新一轮快速而猛烈的上升消化掉了，正是因为目前这么猛的行情，DIF 值高达 225，历史上只出现过两次，前面一次是在 2007 年。

很多人不知道目前应该怎么办了？

我给的建议是：趋势为王，结构修边。

趋势为王：趋势你可以用多种方法来解决，比方说用移动平均线、用趋势画线跟随等，国际上趋势策略很多，你可以找其中的一个方法作为标准，只要是唯一的，建立一个标准并不难。

再打个比方，双均线策略，10 日均线上穿 20 日均线买入，下穿 20 日均线卖出。这么极简单的趋势策略，都能够解决目前的趋势问题。

趋势的优点在于，确保你不犯原则性的错误；缺点在于，买不到低点，也卖不到高点。它并不是完美的，你必须接受它的不完美。

要想在趋势的基础上做得更完美，就要注重结构，日线的结构，它可能会让你买到低点或卖到高点。

但侧重点一定要清晰，我总结为这八个字：**趋势为王，结构修边**。

---------- 作者点评 ----------

趋势不是完美的，但趋势不犯原则性错误。这一条就奠定了趋势的王者地位。结构能让趋势更完美，请注意并不是说结构比趋势更完美，结构是服务于趋势的。

✅ 2015 年 05 月 21 日

昨天谈到趋势跟随，趋势跟随的策略非常多，比方说在《交易师》的特色功能里，至少加入了两个以上的免费趋势策略。国际上知名策略比方说顾比均线、双均线、之前讲过的趋势跟随、趋势线等等，都是研究趋势的。

趋势属于右侧交易，它天生有个缺陷，就是买不到最低点，也卖不到最高点，这是必然的。趋势策略的周期参数越高，这个问题就越大，但好处是能过滤掉中间的、途中的复杂震荡。当然如果你不改参数，看更大的周期，效果是一样的。

急速行情里，趋势策略很好用，可一旦进入到震荡行情，行情的级别空间小，如果买不到最低也卖不到最高，就会出现左右挨打的情况，所以说趋势并不是完美的。

当然在股市里，几乎所有的策略都不是完美的，趋势最大的优点是不犯原则性错误。

给大家举个例子，拿上证指数来讲，我做了一个趋势的策略，长期均线代表60%的仓位，短期均线代表40%的仓位，前两天又一次短期由多翻空，可是紧接着又由空翻多。而同样的一波行情，深成指却一直显示多，没翻空。

你再看2007、2008年的趋势策略，基本能够肯定不犯原则性错误。所以趋势是最重要的，趋势为王。

但趋势并不完美，除了震荡市用趋势不好做以外，最高点和最低点都无法用趋势来抓到，它们本质在逻辑上就是对立的。**最低点买入或最高点卖出的，绝对不是用趋势做的，用趋势做就绝对买不到最低点，也卖不到最高点。**

这个时候就会有边边角角的地方，不够完善，但结构能解决这个问题。比方说这一次，我预计下周大盘股肯定会有钝化，日线级别的，如果日线结构在这里形成，将形成底部以来的第一次日线结构（上次的钝化没有形成结构哦）。

有结构找高点很好找，我在博客里也会提示。当时肯定趋势没有走坏，如果趋势走坏了这，就肯定不会有结构。所以我总结为：趋势为王，结构修边。

---------------- 作者点评 ----------------

趋势是右侧交易，我曾经说过八个字具有股市的全息属性，分别是空间、时间、结构、趋势，其中空间、时间、结构都是左

侧交易，唯独趋势是右侧交易。

我做过一次简化，之前是十二个字：空间、时间、结构、趋势、位置、形态，后来我再做了一次简化，只取了结构和趋势，一个代表了左侧交易，一个代表了右侧交易。

趋势为王，结构修边。

化繁为简是一种本事。

 2015 年 06 月 07 日

2015 年的最高点可能在近期出现

上周的走势构筑了 60 分钟线的完美 5 浪上升结构，在周五的中午收盘，这个 60 分钟线的 5 浪已经处于末期，钝化已经产生，也就意味着 60 分钟和日线都处于钝化了。

5 月 28 日的单日大跌，起到的直接作用是拖慢了日线上升的速度，其实我对于日线的结构形成第一次判断时间为 2、3、4 月份，主要原因也是因为 2014 年下半年的那波上升速度很快，再超过那波上升速度的难度极大。当然事后证实在 A 股市场一切皆有可能，一个猛烈的上升后面是可以跟一个更猛烈的上升。

今年上半年更猛烈的上升导致的是日线钝化的直接消失，没有构成顶部结构，没有形成顶部结构，然后第二次形成日线的钝化，就是这里了。我不能保证整理日线结构一定会形成，但我更不能保证日线结构一定会消失，毕竟这里是带日线钝化的，大级别钝化一年也遇不到几次。我是个严谨的人，经过仔细斟酌，我给出的建议是，不管你喜不喜欢，建议你把刀举起来，做好跑的准备，如果结构形成，手起刀落，如果结构消失，把举起来的刀放下就是了。

周一、周二、周三，上证钝化比较确定的是，在这三天里会维持，至于结构，建议这三天里重点观察的是周一。

今天我想说一下宏观与微观。

先说宏观，如果在2、3、4月形成高点，那么依照我2015年上半年的投资策略报告会上所讲的，那虽然是一波很快速猛烈的下跌，但依旧是上升途中的调整，下半年还会涨，大概率来讲，并不是2015年的最高点。

可是，由于上半年来了一两个猛烈的单边上升阶段，导致上升幅度过大，这里再见日线结构，跟之前只有一个猛烈的上升之后的日线结构，宏观上的看法是有所不同的，即我认为如果出现调整，不再保证后面的上升会超过前高。

即，2015年的最高点可能在近期出现。

从微观角度，我需要一步一步地落实结构的形成，大家可以去比对2009年的3478点，7月29日单日大阴，然后随后的4天逐渐收回，在行为学上来讲，这个走势跟现在很相似。

作者点评

就是我先提一个醒，2015年的最高点可能在近期出现，因为三点：

1.2015年两波猛烈的单边上升，导致上升幅度过大，如此的涨幅对应的调整不会太小。

2. 时间已经到了年中，如果是年初出现高点，经历了这一波大幅猛烈的下跌可能到年末还有收回的可能性，但如果高点出现在年中，再加上调整的时间，后面再创新高的概率大幅降低。

3. 日线顶部结构即将形成，高点就在附近了。

 2015 年 06 月 11 日

最大傻子理论

今天又一天小小震荡市，时间消耗了一天，但给了一个清晰的结论：明天如果收阴线，不管是什么级别的阴线，至少低于今天的收盘价格，日线结构就会形成。

日线结构形成，就是日线两年以来的首次日线顶部结构。基本可以宣告底部起来的第一个阶段的上升结束，**如果无意外情况将开始第一轮剪羊毛了。**

最近我有看到某大妈听新闻从 2 万炒到 60 万的案例，还有几万到几千万的案例。我比较反感，过度的宣传股市的财富效应，会导致很多人入到这个市场里来的，认为股市就只有利润没有风险。往往这些人是没有风险承受能力的一群人。

就像彩票一样，天天说谁中了双色球几亿、几千万。从来不说这钱是从哪来的，彩票符合一小博大的投机心理。媒体过分地夸大了概率，好像中彩票很容易似的。期货获利的概率肯定大于股票,但依旧是"负值博弈",即投入的钱会越玩越少。

股票不一样,股票在一年前的今天,大部分人都亏,一年后的今天大部分人都赚。所以说股票是两赚一平七亏是不对的,因为如果像美国股市,大多数人都是赚的,分享经济的增长。

股票最要注意的利润是"**最大傻子**"理论,即接最后一棒的。举个例子,从1块钱涨到2块钱,赚了1元。从2块钱涨到3块钱,也赚了一元。一直到100元,前面99个人都是赚钱的,就跟现在一样,大家都赚不亦乐乎。

但肯定有一个人是接最后一棒的,我叫他最大的傻子,所以**操作上甭管什么泡沫不泡沫的,核心不是泡沫,核心是别当最大傻子**。

注意:明天结构若形成,5164点就有很大的可能成为2015年最高点(不是100%)。

作者点评

从本文起开始进入到本书的第二个高潮部分,我是如何判断2015年股灾、确定股灾的到来和股灾到来之后的一系列连续的应对的,尤其是连续性,它是一个过程,你能在这个过程中感受到交易的真实。

本文说了三个要点:

1. 明天只要低于今天的收盘价格,日线结构就形成。我在上一篇文章里提示了"举刀",做好跑的准备,日线结构一旦形成就是手起刀落斩掉股票跑的时候。这就好比短跑里日线钝化的时候是预备阶段,日线钝化到结构形成就是开了起跑发令枪。举刀这件事到今天很多人还记忆犹新，在当时涨的那么好的时候，我可能是第一个这么说的人了。

当然大家印象里记忆更深的是，我形容这个高点之后的走势：断崖式下跌。

那时候还不叫股灾，但我对高点的判断和高点之后的行情是什么样的下跌方式，给很多人留下了深刻印象。

2. 新闻里开始出现从2万到60万，甚至还有几万到几千万神话的报道。当时我非常反感，我意识到了巨大的风险，而媒体却还在宣扬股市财富神话，这些财富神话只会吸引那些毫无风险意识的人入市，这很坑人的。所以在道德层面我非常反感这样的事，但我能做的不多，只是提醒看我博客的人，注意风险，即将开始断崖式下跌，我只能尽最大的努力提示风险，救一个算一个。

3. 最大傻子理论，这个要重点说一下。上涨的过程中都会有泡沫，风险的核心不是泡沫，而是泡沫的爆裂。相反在泡沫阶段财富增长是最显著的，这个思想其实很关键。

很多人因为怕泡沫爆裂而不敢参与，比方说房地产，房地产价格的高速增长肯定有泡沫啊，但这个泡沫的过程很长，改变了买房和不买房的贫富差距，你怕泡沫爆裂而你却不知道泡沫阶段才是财富增长的最佳阶段。中国的房地产泡沫可能将来有一天会爆裂，但爆裂之前到目前已经持续了二十年，这是享受泡沫的二十年。而聪明的投资者，可以在享受泡沫的同时做好风险控制，比方说关注城市化进程的数据、广义货币的数据、小学生入学率数据、房价是否进入到滞涨的数据等等，用这些泡沫来防范泡沫爆裂风险。

十年

股市是有泡沫的，但泡沫爆裂之前泡沫聚集的过程就是财富增长的过程。这个过程里，泡沫是不合理的，谁用泡沫的合理性来解释市场就是外行，包括很多用估值解释市场的专家，我认为是纯外行。这十多年来，随着年龄的增长，我越来越认可索罗斯的理论，即有效市场假说是错的。人的不确定性，导致反身性，导致泡沫和恐慌存在必然的基础。

泡沫爆裂是需要一个过程的，比方说涨速的衰竭，就是这个泡沫无以为继，索罗斯也提到过衰竭的过程以及转折。判断2015年的筑顶其实是这些年里最容易的一次，因为我知道杠杆资金形成的资金推动型的上升所对应的下跌，就是杠杆踩踏形成的断崖式下跌。如果提前知道了下跌的逻辑和形式，那么基本上所有大周期速度的衰竭都要重点关注。

急涨然后缓涨就是降速。降速的量化表现形式就是结构上的钝化，当出现钝化的时候，就是我建议举刀的时候，就是起跑的预备阶段。当钝化形成顶部结构的时候，就是手起刀落斩仓的时候，就是开起跑发令枪的时候。

但希望大家要明白，我所做的，并不是否定泡沫，而是不去当最大傻子，很多人对于趋势和价格的成因认知本身就是错的。最大傻子理论比泡沫理论在逻辑上更重要。

2015 年 06 月 14 日

准备手起刀落

上周五给的结构标准：明天如果收阴线，不管是什么级别的阴线，至少低于今天的收盘价格，日线结构就会形成。

结果大家都知道了，上周五继续上涨，中午的时候结构还未形成呢，但看中午没用，结构以收盘价为准，到尾盘的时候，结构没有形成。从确定的角度，日线结构并没有形成。

当然，也没有消失，概率上，嗯，目前来看更倾向于形成。

我们先说标准，结构的量化其实具有很大的难度，我认为的量化标准主要分为两点：

1. 在钝化的基础上；
2. DIF 值转折。

没有钝化就肯定没有结构，有钝化不一定有结构，钝化是结构形成的前提。DIF 值不能取小数点后面太多的数，否则稳定性不好，标准是左边不等于零的两位数。

目前上证指数是 21（取左边不等于零的两位有效数）、沪深 300 指数是 18，沪深 300 指数的结构级别要比上证大，所以现在就看上证指数就行。

上证最高是 22，那么判断结构就简单了，目前是 21，以收盘价格为准，它不会总是 21 的，只有一个数了，如果从 21 到 22 则结构消失；如果 21 到 20 则结构形成。上周五本来很有机会哦,因为 210.005,这个数当然更容易到 20 了。

可是最终价格还在继续涨,**目前给周一的标准是:微涨(10个点以内)、平盘、小阴、中阴、大阴,结构都会形成。**

后配图(2015061401)

+++++++++++++++++ 作者点评 +++++++++++++++++

我的周一操作策略是周日写的,所以 6 月 14 日周日写的周一 6 月 15 日操作策略。我是这样描述的,微涨(10 个点以内)、平盘、小阴、中阴、大阴,结构都会形成。

前面让举刀,这里再次提醒即将落刀了。

5178 点已经出现了,很多人还不知道那是之后几年的大高点吧。

跋

这套书记录了从 2007 年到 2017 年十年里我对市场理解的点点滴滴，也见证了中国股市十年里的跌宕起伏，有些事至今仍记忆犹新。

在这十年里，我十分清楚地知道自己在坚持着什么，我并不知道这种坚持是否会影响或改变一些人。但当我走过这十年，整理和回忆起这十年的历程，我很高兴经过了十年时间的变化，现在坚持的和我当初坚持的依旧是相同的。不同的是经过十年时间的沉淀，现在的我更成熟、更稳重一些。

我始终保持了深入思考的能力，有一些虽然当时无法理解的事情，现在我能理解了。也有一些现在无法理解的事情，也许再过一个十年或者更远我会理解。用时间记录这些我对这个世界的理解，以及思考它们和交易之间的关系，希望能够帮助到一些在这个领域探索的朋友们。